BESTACTIVITYBOOKS.COM

EERSTE EDITIE - Gepubliceerd in 2022

Extra grafisch materiaal van: www.freepik.com
Dank aan: Alekksall, Starline, Pch.vector, Rawpixel.com, Vectorpocket, Dgim-studio, Upklyak, Macrovector, Stockgiu, Pikisuperstar & Freepik.com Designers

5 TIPS OM TE BEGINNEN!

1) HOE OP TE LOSSEN

De Puzzels zijn in een Klassiek Formaat:

- Woorden worden verborgen zonder pauzes (geen spaties, streepjes, ...)
- Oriëntatie: Voorwaarts & Achterwaarts, Boven & Beneden of in Diagonaal (kan in beide richtingen)
- Woorden kunnen elkaar overlappen of kruisen

2) ACTIEF LEREN

Naast elk woord is een spatie voorzien om de vertaling te noteren. Om actief te leren vindt u een **WOORDENBOEK** aan het einde van deze editie om uw kennis te controleren en uit te breiden. U kunt elke vertaling opzoeken en opschrijven, de woorden in de puzzel vinden en ze vervolgens aan uw woordenschat toevoegen!

3) TAG JE WOORDEN

Hebt u al geprobeerd een labelsysteem te gebruiken? U zou bijvoorbeeld de woorden die moeilijk te vinden waren kunnen markeren met een kruis, de woorden die u leuk vond met een ster, nieuwe woorden met een driehoek, zeldzame woorden met een ruit enzovoort...

4) ORGANISEER UW LEREN

Wij bieden ook een handig **NOTITIEBOEKJE** aan het eind van deze uitgave. Of u nu op vakantie, op reis of thuis bent, u kunt uw nieuwe kennis gemakkelijk ordenen zonder dat u een tweede notitieboek nodig hebt!

5) AFGESLOTEN?

Ga naar de bonussectie: **FINAAL UITDAGING** om een gratis spel te vinden dat aan het einde van deze editie wordt aangeboden!

Wil je meer leuke en leerzame activiteiten? Het is **Snel en Eenvoudig!**
Een hele collectie spelboeken slechts **één klik verwijderd!**

Vind uw volgende uitdaging bij:

BestActivityBooks.com/MijnVolgendeBoek

Klaar... Start!

Wist u dat er zo'n 7000 verschillende talen in de wereld zijn? Woorden zijn kostbaar.

We houden van talen en hebben hard gewerkt om de boeken van de hoogste kwaliteit voor u te maken. Onze ingrediënten?

Een selectie van onmisbare leerthema's, drie grote plakken plezier, dan voegen we er een lepel moeilijke woorden en een snuifje zeldzame woorden aan toe. We serveren ze met zorg en een maximum aan verrukking, zodat je de beste woordspelletjes kunt oplossen en veel plezier beleeft aan het leren!

Uw feedback is essentieel. U kunt een actieve bijdrage leveren aan het succes van dit boek door een recensie achter te laten. Vertel ons wat u het meest beviel in deze editie!

Hier is een korte link die u naar uw bestelpagina brengt:

BestBooksActivity.com/Recensies50

Bedankt voor uw hulp en veel plezier met het spel!

Linguas Classics

1 - Metingen

S	E	N	T	T	I	M	E	T	R	I	V	Y	A	S
D	E	S	I	M	A	A	L	I	T	C	T	J	Z	W
L	E	V	E	Y	S	W	M	S	V	D	U	B	I	E
K	E	G	Q	Z	W	D	G	P	M	V	G	Q	D	E
I	I	R	T	E	M	O	L	I	K	A	S	T	E	K
T	E	L	M	Y	S	Y	Y	V	Y	S	W	F	M	L
T	O	B	O	I	K	Y	C	J	F	S	F	M	I	S
I	N	N	G	G	T	J	T	N	Z	A	G	S	N	B
L	I	C	N	B	R	T	H	Q	Z	M	G	L	U	K
A	A	R	T	I	L	A	A	M	M	A	R	G	U	O
V	P	Q	A	S	D	M	M	R	E	M	G	Z	T	R
U	F	P	J	S	H	U	W	M	I	C	H	I	T	K
U	W	S	N	N	U	U	M	R	A	W	S	V	I	E
S	B	F	S	U	U	T	I	P	U	E	M	N	U	U
Z	O	M	C	H	T	A	V	U	O	K	Q	A	R	S

LEVEYS
TAVU
SENTTIMETRI
DESIMAALI
SYVYYS
PAINO
ASTE
GRAMMA
KORKEUS
TUUMA
KILOGRAMMA
KILOMETRI
PITUUS
LITRA
MASSA
MITTARI
MINUUTTI
UNSSI
TONNI
TILAVUUS

2 - Keuken

R	N	G	R	I	L	L	I	S	T	K	B	J	R	K
U	N	N	A	K	U	P	A	K	A	S	T	I	N	Z
O	Q	I	F	D	N	C	T	O	K	F	C	O	F	G
K	J	T	F	N	A	Z	T	E	E	T	S	U	A	M
A	Ä	P	G	A	F	L	E	R	K	E	S	B	K	L
Q	Ä	E	U	K	T	L	Y	Q	O	S	Y	A	A	A
J	K	S	I	R	A	Y	N	D	I	T	Ö	K	U	U
Z	A	E	F	A	K	C	U	U	N	I	M	U	H	T
R	A	R	N	K	I	K	I	D	E	E	Ä	P	A	A
W	P	P	H	F	S	G	I	G	I	V	P	I	N	S
N	P	A	S	Q	U	O	L	H	S	S	U	T	E	L
M	I	B	M	T	L	M	Q	Y	H	V	I	N	T	I
M	L	D	O	S	K	U	L	H	O	C	K	O	T	I
E	S	I	L	I	I	N	A	O	W	J	O	H	Y	N
O	H	Z	M	K	A	T	T	I	L	A	T	N	Y	A

KUPIT
SYÖMÄPUIKOT
GRILLI
KATTILA
JÄÄKAAPPI
KULHO
KANNU
LUSIKAT
VEITSET
UUNI
KAUHA
PURKKI
RESEPTI
ESILIINA
LAUTASLIINA
MAUSTEET
SIENI
RUOKA
GAFLER
PAKASTIN

3 - Boten

M	I	W	S	H	M	F	M	Z	F	F	U	F	B	K
O	M	E	R	I	A	G	I	M	A	S	T	O	T	A
O	H	N	M	L	K	Z	E	Y	A	O	I	J	F	J
T	P	H	W	W	J	O	H	B	T	A	Z	N	R	A
T	J	S	Z	L	Z	V	I	T	T	O	O	N	A	K
O	Ä	E	Y	J	Z	A	S	O	U	J	I	O	P	K
R	R	I	R	E	M	A	T	L	A	V	R	Z	R	E
I	V	M	R	V	Z	L	Ö	K	L	J	A	H	T	I
C	I	I	I	U	W	T	H	E	Ö	Z	E	F	G	S
A	J	R	Z	I	K	O	J	D	D	Y	T	Q	E	J
A	C	E	L	Y	Z	K	N	J	M	T	S	E	W	J
A	R	M	O	U	Q	F	N	L	V	C	T	I	I	A
T	E	L	A	K	K	A	G	A	C	J	Q	M	P	E
P	E	L	A	S	T	U	S	V	E	N	E	Z	T	L
P	U	Y	V	U	O	R	O	V	E	S	I	K	O	R

ANKKURI
MIEHISTÖ
POIJU
TELAKKA
AALTO
JAHTI
KAJAKK
KANOOTTI
MASTO
MERIMIES
JÄRVI
MOOTTORI
VALTAMERI
PELASTUSVENE
JOKI
VUOROVESI
KÖYSI
LAUTTA
MERI

4 - Chocolade

K	S	I	T	O	S	K	E	A	H	N	R	B	T	A
C	Y	Y	M	V	C	O	E	R	L	U	E	I	F	R
Y	V	Z	Ö	A	Q	H	Z	O	R	H	S	M	T	T
E	E	W	M	D	K	A	Z	M	R	V	E	D	Ä	I
A	B	L	V	G	Ä	E	C	I	J	P	P	T	N	S
K	A	T	K	E	R	A	A	R	C	V	T	K	I	A
J	S	U	A	H	I	M	O	F	B	I	I	L	K	N
B	O	J	N	E	N	I	L	L	U	K	R	E	H	A
J	S	S	O	K	E	R	I	S	T	K	K	T	Ä	L
K	E	K	A	R	A	M	E	L	L	I	A	U	P	P
J	N	S	K	P	G	U	Z	F	K	S	L	G	A	A
A	I	L	A	A	T	U	N	N	U	O	O	M	A	M
U	A	G	A	Z	Q	K	H	O	S	U	R	G	M	A
H	W	K	K	M	J	D	J	K	C	S	I	L	V	K
E	Q	U	S	D	K	O	K	O	S	N	Ø	T	T	U

AROMI
ARTISANAL
KATKERA
KAAKAO
KALORI
SYÖDÄ
EKSOTISK
SUOSIKKI
HERKULLINEN
AINESOSA
KARAMELLI
KOKOSNØTT
LAATU
MAAPÄHKINÄT
JAUHE
RESEPTI
MAKU
SOKERI
HIMO
MAKEA

5 - Gezondheid en Welzijn #2

C	S	F	E	O	I	L	A	V	A	K	O	U	R	S
M	B	A	U	N	R	W	P	N	Z	I	A	Z	Q	A
H	J	H	I	B	E	K	K	B	A	R	F	B	T	I
R	Y	F	N	D	N	R	E	K	J	T	D	F	V	R
U	Y	G	I	D	T	J	G	J	B	L	O	W	B	A
O	S	W	I	N	Z	N	V	I	K	H	O	M	O	U
A	T	W	M	E	I	R	O	L	A	K	E	T	I	S
N	R	F	A	V	N	E	N	I	M	Y	P	L	E	A
S	E	Y	T	R	T	I	I	K	E	H	O	M	Q	R
U	S	E	I	E	O	S	A	L	A	A	R	I	A	S
L	S	R	V	T	M	C	P	Y	A	A	J	B	Z	V
A	I	H	I	E	R	O	N	T	A	U	B	J	Y	E
T	A	L	L	E	R	G	I	A	J	U	I	U	C	R
U	I	N	F	E	K	T	I	O	F	D	G	B	F	I
S	G	E	N	E	T	I	I	K	K	A	K	V	J	O

ALLERGIA
ANATOMIA
VERI
KALORI
RUOKAVALIO
ENERGIA
GENETIIKKA
PAINO
TERVE
ELPYMINEN
HYGIENIA
INFEKTIO
KEHO
HIERONTA
RUOANSULATUS
STRESSI
VITAMIINI
SAIRAALA
SAIRAUS

6 - Tijd

V	I	G	A	J	C	H	N	E	G	B	O	B	R	T
N	U	P	T	N	I	N	N	U	T	N	S	B	A	U
E	Y	O	A	H	S	K	U	Y	E	Ä	D	O	L	L
L	K	T	S	O	U	B	O	O	O	Ä	T	J	P	E
I	A	M	I	I	A	I	K	A	I	N	E	N	B	V
E	L	I	S	I	K	Ö	N	N	P	Ä	I	V	Ä	A
J	E	N	O	S	U	Y	N	N	K	T	V	I	Q	I
Ä	N	U	U	J	U	R	M	E	N	E	T	Q	F	S
L	T	U	V	V	K	K	D	M	L	O	L	Z	C	U
K	E	T	D	U	Y	P	O	O	E	K	C	L	P	U
E	R	T	A	O	J	M	K	U	K	N	P	D	O	S
E	I	I	N	S	R	Y	K	H	A	A	M	U	N	K
N	C	Ä	V	I	Ä	P	I	K	S	E	K	T	N	P
H	J	W	S	O	L	C	I	E	P	R	Q	M	U	S
O	B	B	P	Z	P	C	V	F	R	N	R	F	V	I

PÄIVÄ
VUOSIKYMMEN
VUOSISATA
EILEN
VUOSI
KALENTERI
KELLO
KUUKAUSI
KESKIPÄIVÄ
MINUUTTI

HUOMENNA
JÄLKEEN
YÖ
NYT
AAMU
TULEVAISUUS
TUNNIN
TÄNÄÄN
AIKAINEN
VIIKKO

7 - Meditatie

Y	H	R	K	M	Q	F	C	A	N	H	Y	H	N	J
S	I	A	I	G	Y	N	D	H	L	U	Z	E	Ä	H
T	L	U	I	W	A	Ö	U	D	M	O	K	N	K	Y
Ä	J	H	T	N	J	M	T	P	C	M	I	G	Ö	V
V	A	A	O	B	A	U	U	Ä	I	I	Q	I	K	Ä
Ä	I	L	L	N	T	S	S	T	T	O	K	T	U	K
L	S	L	L	M	U	I	E	S	H	U	W	Y	L	S
L	U	I	I	H	K	I	L	I	Y	M	N	S	M	Y
I	U	N	S	A	S	K	K	K	R	P	S	T	A	M
S	S	E	U	V	I	K	E	N	D	A	J	P	O	I
Y	L	N	U	A	A	I	Y	E	Y	Z	U	O	B	N
Y	I	T	S	I	S	Z	S	H	K	R	J	H	G	E
S	M	G	J	N	E	J	P	L	T	I	J	T	A	N
H	A	Q	P	T	L	U	O	N	T	O	I	D	K	O
E	M	J	O	O	T	U	N	N	E	H	T	L	O	C

HUOMIO
HYVÄKSYMINEN
HENGITYS
LIIKE
KIITOLLISUUS
TUNNE
AJATUKSIA
SELKEYS
RYHTI
RAUHALLINEN
MYÖTÄTUNTO
HENKISTÄ
MUSIIKKI
LUONTO
HAVAINTO
NÄKÖKULMA
HILJAISUUS
RAUHA
YSTÄVÄLLISYYS

8 - Muziek

M	D	N	H	S	S	O	K	K	I	S	U	U	M	K
L	U	Ä	Ä	N	I	T	E	L	M	M	Y	T	M	E
Y	M	S	U	O	E	O	S	A	P	L	T	H	I	R
N	E	N	I	M	T	Y	R	U	R	H	L	Y	K	T
R	N	E	N	I	R	Y	Y	L	O	Y	C	E	R	O
J	G	G	H	D	K	R	T	A	V	E	A	N	O	S
T	E	M	P	O	K	K	T	J	I	F	N	V	F	Ä
N	A	L	B	U	M	I	I	A	S	D	J	B	O	E
O	O	P	P	E	R	A	D	N	O	V	O	E	N	Z
C	D	G	J	B	S	S	A	Q	I	H	O	L	I	V
N	E	N	I	S	S	A	L	K	D	B	B	N	E	N
Z	Q	S	Y	D	A	A	L	U	A	L	K	Z	T	M
V	Ä	L	I	N	E	O	A	I	N	O	M	R	A	H
D	K	M	R	D	H	V	B	D	Q	W	I	U	G	J
Y	V	Z	C	V	R	U	N	O	L	L	I	N	E	N

ALBUMI
BALLADI
HARMONIA
IMPROVISOIDA
VÄLINE
KLASSINEN
KERTOSÄE
LYYRINEN
MELODIA
MIKROFONI
MUSIIKKI
MUUSIKKO
OOPPERA
ÄÄNITE
RUNOLLINEN
RYTMI
RYTMINEN
TEMPO
LAULAJA
LAULAA

9 - Vogels

J	K	P	T	T	A	N	U	M	Ö	L	L	Ö	P	G
O	Ä	M	V	A	C	N	T	H	Z	O	H	M	V	J
U	K	O	P	A	N	A	K	S	E	K	T	L	A	R
T	I	Z	H	R	R	L	L	K	P	K	Y	E	T	W
S	E	V	O	R	B	P	L	T	A	I	H	N	A	H
E	C	N	K	A	L	V	U	E	U	H	H	Y	P	F
N	N	M	P	K	H	N	S	N	U	Q	A	F	I	L
P	E	L	I	K	A	A	N	I	E	M	I	G	N	A
S	N	J	V	U	L	U	W	G	A	N	K	Z	G	M
T	Y	Y	Y	A	J	I	A	K	U	P	A	P	V	I
R	K	T	B	H	R	U	S	Q	E	D	R	K	I	N
U	H	F	J	K	A	I	J	W	Z	M	A	K	I	G
T	Y	B	F	K	B	V	S	C	P	E	D	R	N	O
S	Y	R	I	I	K	I	N	K	U	K	K	O	I	H
I	K	C	T	O	U	K	A	A	N	I	N	O	K	L

KYYHKYNEN
ANKKA
MUNA
FLAMINGO
HANHI
HAUKKA
KANA
KÄKI
VARIS
LOKKI
VARPUNEN
HAIKARA
PAPUKAIJA
RIIKINKUKKO
PELIKAANI
PINGVIINI
STRUTSI
TOUKAANIN
PÖLLÖ
JOUTSEN

10 - Behoud

N	Y	M	P	Ä	R	I	S	T	Ö	R	Z	D	T	S
K	E	M	I	K	A	A	L	I	T	W	Y	T	K	K
V	V	N	R	W	O	S	M	A	K	G	B	N	F	V
Ä	A	O	I	J	S	N	L	C	E	N	M	B	U	T
H	P	R	I	L	V	F	Z	Q	S	I	I	I	N	E
E	A	G	L	F	L	M	Q	A	T	N	O	Q	W	T
N	A	A	M	P	Q	O	M	R	Ä	S	Y	K	L	I
T	E	A	A	E	N	H	N	D	V	N	Y	N	Z	Y
Ä	H	N	S	N	D	E	M	N	Ä	E	R	H	I	V
Ä	T	I	T	O	T	Z	I	S	O	R	L	Q	W	E
Q	O	N	O	F	W	T	S	U	T	U	L	U	O	K
F	I	E	T	E	R	V	E	Y	S	R	L	C	F	L
C	N	N	L	Q	N	H	V	M	L	O	G	N	M	C
Z	E	N	R	C	I	D	J	M	T	F	I	K	R	P
T	N	K	I	E	R	R	Ä	T	T	Ä	Ä	Y	V	U

KEMIKAALIT
KESTÄVÄ
SYKLI
TERVEYS
VIHREÄ
ILMASTO
YMPÄRISTÖ
LUONNOLLINEN
KOULUTUS
ORGAANINEN
KIERRÄTTÄÄ
VÄHENTÄÄ
FORURENSNING
VAPAAEHTOINEN
VESI

11 - Universum

K	N	Y	V	J	F	V	B	Z	P	I	A	Q	U	Y
T	O	I	O	I	T	T	N	O	S	I	R	O	H	A
N	Ä	S	A	V	I	A	T	G	U	K	M	N	M	J
Ä	T	H	M	G	I	Q	R	G	R	U	D	E	N	A
K	Z	N	T	I	D	I	O	R	E	T	S	A	Y	A
Y	L	K	N	I	N	H	H	P	F	H	M	N	G	S
V	N	Q	U	W	T	E	A	U	R	I	N	K	O	A
Ä	U	D	E	A	N	I	N	M	D	E	Z	G	I	T
Y	E	T	S	A	S	Y	E	V	E	L	O	A	L	N
F	U	S	E	V	T	M	N	D	Z	U	D	L	M	Ä
K	A	L	L	I	S	T	A	A	E	K	I	A	A	V
P	I	T	U	U	S	A	S	T	E	V	A	K	I	I
K	A	U	K	O	P	U	T	K	I	L	K	S	N	Ä
P	B	U	O	G	W	E	Y	P	L	A	K	I	E	P
V	T	K	F	T	Z	Q	F	K	J	H	I	J	N	P

ASTEROIDI
TÄHTITIEDE
ILMAINEN
LEVEYSASTE
ZODIAKKI
PIMEYS
PÄIVÄNTASAAJA
HALVKULE
TAIVAS
HORISONTTI
KALLISTAA
KOSMINEN
PITUUSASTE
KUU
GALAKSI
KAUKOPUTKI
NÄKYVÄ
AURINKO

12 - Wiskunde

S	J	M	J	Y	E	G	A	F	M	W	W	H	H	S
Y	A	R	Q	H	K	E	R	U	O	T	B	J	A	U
M	K	J	K	T	S	O	I	Ö	N	J	A	I	L	O
M	O	A	N	Ä	P	M	T	F	I	M	B	V	K	R
E	O	E	E	L	O	E	M	H	K	L	H	R	A	A
T	T	K	N	Ö	N	T	E	C	U	R	E	N	I	K
R	I	T	I	P	E	R	E	C	L	J	C	N	S	U
I	L	Q	A	Q	N	I	T	P	M	G	Q	J	I	L
A	A	G	K	J	T	A	T	O	I	A	O	R	J	M
O	V	C	K	E	T	Q	I	L	O	T	M	B	A	I
F	U	S	A	K	I	N	N	U	U	S	K	V	N	O
K	U	S	N	Y	Ä	H	E	K	O	L	M	I	O	N
P	S	W	N	P	D	W	N	K	U	L	M	A	T	U
E	J	W	I	L	A	A	M	I	S	E	D	D	J	C
E	H	T	R	S	Ä	D	E	S	U	M	M	A	E	L

DESIMAALI
HALKAISIJA
JAKO
KOLMIO
EKSPONENTTI
JAE
GEOMETRIA
KULMAT
KEHÄ
RINNAKKAINEN
SUUNNIKAS
SUORAKULMIO
ARITMEETTINEN
SUMMA
SÄDE
SYMMETRIA
MONIKULMIO
YHTÄLÖ
NELIÖ
TILAVUUS

13 - Gezondheid en Welzijn #1

M	C	E	G	U	N	D	N	A	K	H	Y	A	A	R
E	U	I	R	Y	H	T	I	I	L	E	B	Z	P	E
Z	G	R	F	V	H	J	G	P	I	R	Q	Y	T	N
K	N	Q	T	V	A	M	M	A	N	M	U	Y	E	T
U	Y	U	P	U	I	D	Y	R	I	O	J	P	E	O
Q	K	M	D	A	M	H	Q	E	K	T	L	S	K	U
W	V	H	P	W	U	A	O	T	K	S	S	M	K	T
Q	T	H	O	I	T	E	S	K	A	H	I	L	I	U
L	O	E	N	I	S	K	E	L	F	E	R	H	S	M
O	S	K	T	U	T	I	R	E	E	T	K	A	B	I
V	N	Ä	L	K	Ä	O	M	G	O	T	U	K	R	N
I	R	Ä	K	Ä	Ä	L	K	Z	U	K	E	M	R	E
R	H	L	H	A	K	T	I	I	V	I	N	E	N	N
U	T	O	T	T	U	M	U	S	Y	I	I	M	R	P
S	U	E	K	R	O	K	D	O	B	D	W	N	R	N

AKTIIVINEN
APTEEKKI
BAKTEERIT
HOITO
MURTUMA
LÄÄKÄRI
TOTTUMUS
NÄLKÄ
KORKEUS
RYHTI

IHO
KLINIKKA
VAMMA
LÄÄKE
RENTOUTUMINEN
REFLEKSI
LIHAKSET
TERAPIA
VIRUS
HERMOT

14 - Camping

R	I	I	P	P	U	M	A	T	T	O	Y	L	P	K
D	K	I	L	H	E	B	P	L	C	K	E	U	D	A
M	B	N	I	N	N	Y	H	B	N	U	L	O	J	R
K	Ö	Y	S	I	T	A	D	K	C	L	Ä	N	Ä	T
W	P	S	E	I	K	K	A	I	L	U	I	T	R	T
A	N	T	A	A	P	O	T	K	U	T	M	O	V	A
T	M	E	K	U	U	L	Y	H	T	Y	E	F	I	M
T	E	P	W	H	K	L	G	A	P	N	T	H	U	U
L	T	O	D	W	A	H	K	A	N	O	O	T	T	I
E	S	H	Y	Ö	N	T	E	I	N	E	N	M	M	I
T	Ä	H	A	T	T	U	V	F	T	P	V	Ö	E	L
I	S	S	A	P	M	O	K	U	B	U	O	K	T	K
W	T	T	S	Y	H	W	Q	Z	O	U	Q	K	S	R
C	Y	E	B	L	K	E	R	T	W	R	E	I	Ä	L
Y	S	H	P	K	C	A	L	B	U	D	I	N	U	T

SEIKKAILU
VUORI
PUU
METSÄ
ANTAA POTKUT
MÖKKI
ELÄIMET
RIIPPUMATTO
HATTU
HYÖNTEINEN
METSÄSTYS
KARTTA
KANOOTTI
KOMPASSI
LYHTY
KUU
JÄRVI
LUONTO
TELTTA
KÖYSI

15 - Algebra

Z	K	R	P	Z	F	H	M	R	T	I	V	V	V	I
J	H	A	V	S	B	M	U	A	G	E	M	H	Y	R
E	G	T	Ä	D	W	B	U	T	C	R	K	A	U	E
G	E	K	Ä	R	U	L	T	K	J	Y	A	I	A	I
L	K	A	R	Z	C	Q	T	A	A	B	M	O	J	B
S	S	I	Ä	Y	T	Z	U	I	E	V	L	A	Y	Ä
P	P	S	D	U	M	A	J	S	R	T	E	L	W	T
A	O	T	Ä	K	I	L	A	U	H	C	G	Z	I	D
R	N	A	Ä	K	S	L	V	Ä	H	E	N	N	Y	S
E	E	K	R	O	I	O	K	A	J	Ä	O	T	Q	O
N	N	A	E	L	I	N	E	A	A	R	I	N	E	N
T	T	A	T	Z	R	V	A	Ö	L	Ä	T	H	Y	L
E	T	V	Ö	D	T	R	A	R	U	Ä	P	W	K	I
S	I	A	N	A	A	L	D	A	M	M	U	S	E	D
U	J	R	I	H	M	U	M	L	K	V	L	D	Z	Q

VÄHENNYS
KAAVIO
JAKO
EKSPONENTTI
TEKIJÄ
KAAVA
JAE
PARENTES
MÄÄRÄ
LINEAARINEN
MATRIISI
NOLLA
ÄÄRETÖN
RATKAISTA
RATKAISU
ONGELMA
SUMMA
VÄÄRÄ
MUUTTUJA
YHTÄLÖ

16 - Activiteiten

T	V	A	E	L	L	U	S	S	J	B	H	Q	J	N
R	A	T	N	I	M	I	O	T	B	E	T	Q	K	L
C	E	I	D	V	I	C	M	S	N	C	F	G	W	M
F	Y	E	D	P	W	G	O	J	A	O	O	U	B	E
W	W	E	B	E	S	P	E	L	I	T	G	G	S	T
R	E	N	T	O	U	T	U	M	I	N	E	N	U	S
I	V	E	H	N	A	O	Q	T	W	T	F	V	T	Ä
C	E	N	Q	H	V	M	S	J	H	W	G	D	S	S
C	N	I	G	M	U	P	O	U	T	A	I	K	A	T
A	E	M	V	E	K	E	K	N	G	M	D	M	L	Y
M	E	E	G	T	O	L	D	B	T	J	W	Y	A	S
P	T	K	H	U	L	U	D	J	Y	A	V	P	K	M
I	S	U	A	L	A	A	M	J	L	A	I	K	S	B
N	I	L	T	L	V	V	A	P	A	A	H	T	E	A
G	K	E	R	A	M	I	I	K	K	A	P	V	O	M

TOIMINTA
VENEET
ETU
VALOKUVAUS
PELIT
KALASTUS
METSÄSTYS
CAMPING
KERAMIIKKA
TAIDE
LUKEMINEN
TAIKA
OMPELU
RENTOUTUMINEN
ILO
MAALAUS
TAITO
VAPAA
VAELLUS

17 - Diplomatie

H	K	T	U	R	V	A	L	L	I	S	U	U	S	Y
A	E	A	M	O	T	R	R	E	S	U	A	N	T	J
L	S	J	J	Z	D	P	S	O	T	S	H	Y	P	V
L	K	A	W	T	S	D	U	H	E	I	F	I	K	N
I	U	T	Q	J	Ö	B	M	I	M	A	I	T	F	E
T	S	N	Y	H	T	E	I	S	Ö	K	M	K	A	N
U	T	A	S	L	Ä	Q	P	S	L	T	B	I	K	I
S	E	N	Y	V	Ä	C	O	D	T	A	O	L	K	A
Z	L	O	E	Y	P	H	S	Q	A	R	R	F	I	L
R	U	V	H	R	I	D	E	A	H	N	G	N	I	O
C	S	U	E	K	I	O	Z	T	N	Y	E	O	T	T
K	I	E	L	I	E	E	U	H	Y	O	R	K	I	T
N	E	N	I	A	M	O	K	L	U	S	E	L	L	I
K	A	M	P	A	N	J	A	T	G	E	T	Z	O	I
Y	H	T	E	I	S	T	Y	Ö	D	T	B	Ö	P	L

NEUVONANTAJA
LÄHETYSTÖ
LIITTOLAINEN
ULKOMAINEN
BORGERE
KAMPANJAT
KONFLIKTI
KESKUSTELU
ETIIKKA
YHTEISÖ
OIKEUS
EHEYS
RATKAISU
POLITIIKKA
HALLITUS
PÄÄTÖS
YHTEISTYÖ
KIELI
TURVALLISUUS
SOPIMUS

18 - Astronomie

U	U	C	L	L	J	C	Z	H	J	Y	K	C	O	N
B	G	M	Q	T	E	H	Y	Q	Q	R	A	K	K	B
A	Q	N	O	S	V	R	D	Q	W	A	U	O	N	A
A	T	T	Q	Q	N	W	W	C	K	K	K	S	A	I
M	Ö	T	S	I	D	H	Ä	T	U	E	O	M	S	G
V	A	A	E	D	Ø	D	B	E	U	T	P	O	T	C
F	P	I	V	E	G	S	U	M	U	T	U	S	R	M
H	A	V	Y	D	N	H	A	R	U	I	T	K	O	E
N	G	A	L	N	M	A	D	P	Z	K	K	W	N	T
D	K	S	I	M	T	O	L	K	L	K	I	U	A	E
K	O	M	E	E	T	T	A	P	R	A	T	N	U	O
O	A	S	T	E	R	O	I	D	I	I	H	A	T	R
K	H	P	Ä	U	E	R	C	Q	V	D	Ä	K	T	I
D	V	G	S	S	I	B	M	G	R	O	T	R	I	J
P	A	I	N	O	V	O	I	M	A	Z	F	H	Z	Y

MAA
ASTEROIDI
ASTRONAUTTI
ZODIAKKI
JEVNDØGN
TAIVAS
KOMEETTA
KOSMOS
KUU
METEORI
SUMU
PLANEETTA
RAKETTI
TÄHTI
TÄHDISTÖ
SÄTEILY
KAUKOPUTKI
PAINOVOIMA

19 - Emoties

T	S	U	U	T	U	A	Y	R	Z	J	V	M	G	W
S	Y	T	Ä	L	L	Y	Y	A	O	R	H	P	O	B
S	Y	Y	L	L	E	H	D	K	R	R	A	U	H	A
U	S	M	T	G	M	W	S	K	M	E	Y	S	Z	F
T	I	Y	N	Y	O	J	U	A	E	P	N	R	J	D
O	L	Ö	A	L	V	O	U	U	N	R	T	T	C	Y
P	L	T	A	E	M	Ä	S	S	F	G	H	W	O	O
L	Ä	Ä	S	N	E	N	I	L	L	O	T	I	I	K
E	V	T	S	T	Y	E	L	N	Q	L	E	K	Q	L
H	Ä	U	I	I	N	V	L	U	E	I	Y	B	O	E
B	T	N	O	U	D	T	U	V	J	N	P	Z	L	P
I	S	T	N	L	B	R	R	S	I	S	Ä	L	T	Ö
U	Y	O	N	Y	B	G	U	G	J	Q	F	K	R	R
N	E	N	I	M	Y	T	S	Y	V	Ä	K	I	J	O
Z	H	R	A	U	H	A	L	L	I	S	U	U	S	E

PELKO
KIITOLLINEN
SURULLISUUS
AUTUUS
SISÄLTÖ
RAKKAUS
RENTO
INNOISSAAN
HELPOTUS
RAUHALLISUUS
MYÖTÄTUNTO
HELLYYS
TYYTYVÄINEN
YLLÄTYS
IKÄVYSTYMINEN
RAUHA
ILO
YSTÄVÄLLISYYS

20 - Vakantie #2

G	C	U	L	K	O	M	A	A	L	A	I	N	E	N
K	U	L	J	E	T	U	S	P	T	D	Y	F	R	Y
C	H	O	T	E	L	L	I	A	E	N	K	N	I	F
Q	A	V	A	B	C	G	R	S	K	D	A	M	O	L
R	Z	M	A	B	Y	F	E	S	H	O	R	R	U	R
S	H	B	P	R	I	Q	M	I	J	J	T	F	L	A
J	R	K	W	I	A	P	Y	T	S	I	T	T	K	V
M	R	R	B	S	N	U	S	P	W	Q	A	E	O	I
V	V	P	G	K	L	G	K	U	R	O	A	L	M	N
U	C	F	S	A	A	R	I	S	W	G	P	T	A	T
N	A	W	N	T	G	P	Z	M	E	E	A	T	I	O
I	V	I	I	S	U	M	I	A	D	T	V	A	N	L
L	U	F	T	H	A	V	N	T	H	O	E	K	E	A
H	S	G	N	C	T	G	J	K	O	I	R	G	N	S
R	P	F	Z	J	H	R	A	A	K	U	B	W	A	V

KOHDE
ULKOMAALAINEN
ULKOMAINEN
SAARI
HOTELLI
KARTTA
CAMPING
LUFTHAVN
PASSI
MATKA
VARAUKSET
RAVINTOLA
RANTA
TAKSI
TELTTA
LOMA
KULJETUS
VIISUMI
VAPAA
MERI

21 - Weersomstandigheden

A	M	Z	I	L	M	A	I	N	E	N	Ä	Ä	J	H
A	O	L	Ä	M	P	Ö	T	I	L	A	G	O	S	U
L	N	E	N	O	K	K	U	S	F	V	B	U	I	R
L	S	G	T	W	G	A	Z	J	I	L	P	S	R	R
M	U	M	U	S	M	D	T	R	O	U	I	B	A	I
S	U	P	F	L	E	V	T	A	T	T	L	R	A	K
M	N	K	T	E	W	M	T	L	I	C	V	D	K	A
Y	I	K	U	Z	D	R	U	O	S	V	I	M	N	A
R	D	O	E	I	Z	L	U	P	J	J	A	J	E	N
S	A	D	S	O	V	D	L	R	P	C	Q	S	E	I
K	C	A	D	A	C	U	I	I	L	M	A	S	T	O
Y	K	N	M	S	L	P	U	L	W	W	P	B	A	L
K	N	R	A	E	P	A	S	S	H	F	Z	W	S	T
S	K	O	S	T	E	A	M	U	N	F	K	C	Q	H
Z	P	T	R	H	H	G	G	A	Q	J	N	V	Q	C

ILMAINEN
SALAMA
UKKONEN
KUIVUUS
TAIVAS
JÄÄN
ILMASTO
SUMU
MONSUUNI
HURRIKAANI
TULVA
POLAR
SATEENKAARI
MYRSKY
LÄMPÖTILA
TORNADO
KOSTEA
TUULI
PILVI

22 - Eten #2

O	Y	V	Z	V	Z	D	H	W	R	L	T	B	L	K
T	M	T	D	I	L	E	T	N	A	M	E	R	E	V
S	R	E	T	T	A	S	N	H	I	M	Q	D	I	P
U	J	L	N	T	R	C	O	B	A	R	Z	E	P	M
U	Y	Ä	S	A	N	A	N	A	I	N	N	F	Ä	U
J	C	P	R	A	J	R	A	N	V	E	H	N	Ä	N
E	G	Y	K	M	N	Q	K	A	D	K	D	C	M	A
G	A	R	K	O	D	B	A	A	S	R	A	P	Z	K
H	L	M	B	T	D	M	L	N	S	J	I	N	Q	O
D	E	P	J	E	C	M	A	I	Y	F	S	H	A	I
Z	L	K	Z	H	R	V	U	K	K	N	I	K	P	S
P	E	R	S	I	K	K	A	N	K	I	I	V	I	O
J	O	G	U	R	T	T	I	Q	A	P	R	S	A	G
P	A	R	S	A	K	A	A	L	I	G	E	C	N	H
G	O	Y	O	J	V	E	E	L	E	Z	J	Z	U	E

MANTELI
ANANAS
OMENA
PARSA
MUNAKOISO
BANAANI
PARSAKAALI
LEIPÄ
RYPÄLE
MUNA
KINKKU
JUUSTO
KANA
KIIVI
PERSIKKA
RIISI
VEHNÄ
TOMAATTI
KALA
JOGURTTI

23 - Klimmen

L	I	Y	W	C	L	K	T	T	O	C	I	A	T	A
R	B	H	Y	M	T	Ä	R	Ä	P	Y	K	T	D	S
H	L	U	O	L	A	S	H	R	V	N	Q	K	M	I
V	A	S	U	U	S	I	A	I	L	E	T	U	A	A
A	T	A	M	M	O	N	M	A	O	N	V	S	A	N
M	T	N	S	D	S	E	Y	D	P	I	A	A	T	T
M	R	W	U	T	I	E	A	M	W	A	H	A	N	U
A	A	Z	E	I	E	T	F	S	J	M	V	P	O	N
Q	K	V	K	I	U	E	Y	Y	W	L	U	P	H	T
A	W	J	R	R	J	Q	T	Z	Y	I	U	A	O	I
T	T	C	O	W	I	W	E	M	I	S	S	A	W	J
S	S	V	K	O	U	L	U	T	U	S	I	T	P	A
I	V	A	E	L	L	U	S	P	L	C	T	N	N	Y
Q	S	O	U	O	S	K	A	P	E	A	G	M	E	V
A	C	A	V	A	K	A	U	S	Z	M	J	F	U	N

ILMAINEN
ASIANTUNTIJA
FYYSINEN
LUOLA
KÄSINEET
KYPÄRÄ
KORKEUS
KARTTA
VAHVUUS
SAAPPAAT
VAMMA
UTELIAISUUS
KOULUTUS
KAPEA
VAKAUS
MAA
HAASTEET
VAELLUS

24 - Restaurant #1

E	R	M	W	S	M	O	S	N	M	F	U	T	E	J
W	K	Q	A	M	I	C	U	O	E	L	V	A	J	T
V	O	L	C	U	L	V	B	Q	R	L	Z	R	R	B
L	E	K	I	T	S	A	K	G	Y	I	K	J	Y	V
T	N	I	Q	O	N	T	S	Y	Ö	D	Ä	O	V	I
Ö	I	T	T	I	E	K	E	L	T	Ä	P	I	E	L
P	A	T	Q	S	G	T	A	I	G	R	E	L	L	A
K	A	N	A	J	I	R	H	M	N	Q	Q	I	W	V
V	A	R	A	U	S	L	P	F	E	E	E	J	K	A
L	A	U	T	A	S	L	I	I	N	A	N	A	V	L
K	S	K	R	U	O	K	A	S	Z	W	Q	O	I	I
L	U	R	Z	J	Ä	L	K	I	R	U	O	K	A	K
I	Q	L	Z	R	H	S	N	B	T	I	S	T	Q	K
H	I	V	H	A	K	I	R	K	Y	M	F	N	N	O
A	S	H	B	O	L	O	H	B	I	T	K	Q	D	Q

ALLERGIA
LEVY
LEIPÄ
SYÖDÄ
AINE
KEITTIÖ
KANA
KAHVI
KULHO
VALIKKO
VEITSI
MAUSTEINEN
VARAUS
KASTIKE
TARJOILIJA
LAUTASLIINA
JÄLKIRUOKA
LIHA
RUOKA

25 - Geologie

R	I	L	I	I	S	S	O	F	N	S	U	L	A	S
L	Q	U	Q	R	B	N	I	Z	O	T	K	L	T	E
M	D	O	F	E	Z	H	Y	B	Z	C	R	I	Q	P
E	H	L	K	N	M	M	A	A	N	O	S	A	V	J
T	R	A	C	R	Y	S	T	A	L	H	O	V	H	I
I	I	O	E	K	Y	H	Ö	Y	V	A	R	A	H	L
T	S	I	O	I	C	O	A	K	O	P	R	L	A	L
C	Y	V	I	S	J	C	F	A	L	P	E	Y	K	A
A	E	M	R	T	I	P	Y	A	C	O	K	F	R	R
L	G	D	Y	R	Y	O	K	N	A	S	A	T	S	O
A	V	V	S	A	D	D	W	M	N	W	U	K	G	K
T	J	Y	U	V	T	H	M	U	O	W	U	O	E	A
S	C	Z	S	K	W	Z	R	H	F	N	G	L	L	G
M	A	A	N	J	Ä	R	I	S	T	Y	S	H	Z	A
D	Q	K	K	A	L	S	I	U	M	M	G	Y	C	G

MAANJÄRISTYS
KALSIUM
MAANOSA
EROOSIO
FOSSIILI
GEYSIR
SULA
LUOLA
KORALLI
CRYSTAL
KVARTSI
KERROS
LAVA
TASANKO
STALACTITE
KIVI
VOLCANO
VYÖHYKE
SUOLA
HAPPO

26 - Specerijen

V	G	F	E	N	K	O	L	I	N	G	K	D	A	V
A	S	I	S	V	P	I	P	P	U	R	I	H	S	V
L	I	M	I	C	G	S	I	P	U	L	I	F	Y	G
K	P	A	J	L	I	N	A	V	M	A	K	U	H	O
O	Y	R	R	U	C	I	N	K	I	V	Ä	Ä	R	I
S	K	H	K	O	R	I	A	N	T	E	R	I	K	L
I	L	A	E	V	B	A	S	U	O	L	A	B	T	E
P	R	S	I	L	U	N	K	A	T	K	E	R	A	N
U	Q	E	F	H	W	I	K	P	A	P	R	I	K	A
L	N	T	I	L	P	S	U	D	C	O	R	K	B	K
I	W	S	C	S	L	B	R	O	M	A	K	E	A	Y
M	K	U	M	I	N	A	K	K	Y	N	S	I	W	T
M	B	A	Q	D	D	R	U	N	R	Z	R	I	R	H
Z	V	M	C	Y	A	M	M	U	M	E	D	R	A	K
G	G	M	P	M	O	D	A	F	V	R	Z	P	V	W

ANIS
KATKERA
INKIVÄÄRI
KANELI
KARDEMUMMA
CURRY
VALKOSIPULI
KUMINA
KORIANTERI
KYNSI
KURKUMA
PAPRIKA
PIPPURI
MAUSTESAHRAMI
MAKU
SIPULI
VANILJA
FENKOLI
MAKEA
SUOLA

27 - Groenten

Z	H	M	S	T	S	H	K	U	R	K	K	U	M	S
Q	R	Q	A	O	A	I	E	M	T	D	I	O	L	I
T	K	R	L	M	L	N	U	R	K	D	R	G	U	E
Q	K	G	A	A	O	A	I	Q	N	Z	Ä	R	J	N
S	T	Y	A	A	T	G	S	L	I	E	Ä	U	A	I
E	G	A	T	T	T	Z	C	S	L	G	V	J	R	H
L	S	S	T	T	I	T	T	A	A	N	I	P	T	P
L	I	S	I	I	S	P	W	T	A	J	K	P	I	K
E	P	I	S	I	I	T	E	R	K	C	N	U	S	U
R	U	R	J	W	P	P	Y	R	A	D	I	B	O	R
I	L	U	B	G	U	Q	N	H	S	M	Y	K	K	P
C	I	A	V	F	L	J	J	K	R	I	V	V	K	I
F	P	N	M	Y	I	B	Z	N	A	Q	L	O	A	T
O	L	I	I	V	I	M	L	E	P	F	K	J	C	S
M	U	N	A	K	O	I	S	O	Z	J	S	R	A	A

ARTISOKKA
MUNAKOISO
PARSAKAALI
HERNE
INKIVÄÄRI
KURKKU
OLIIVI
SIENI
PERSILJA
KURPITSA
NAURIS
RETIISI
SALAATTI
SELLERI
SALOTTISIPULI
PINAATTI
TOMAATTI
SIPULI

28 - Archeologie

P	A	N	T	I	I	K	I	N	M	Z	Z	U	N	O
M	R	S	S	I	V	I	L	I	S	A	A	T	I	O
L	Y	O	F	O	S	S	I	I	L	I	S	C	H	Y
O	W	S	F	J	Ä	L	K	E	L	Ä	I	N	E	N
I	Y	V	T	E	N	N	Ä	Ä	J	I	O	C	T	M
S	R	L	U	E	S	D	T	E	M	P	P	E	L	I
Y	N	O	W	F	E	S	D	Q	C	Q	J	D	L	L
Y	Y	N	R	E	L	R	O	T	U	T	K	I	J	A
L	M	G	T	D	U	L	I	R	O	H	A	U	T	A
A	J	I	T	N	U	T	N	A	I	S	A	T	L	B
N	R	H	R	Q	T	T	I	I	M	I	K	Y	G	C
A	T	U	N	T	E	M	A	T	O	N	Z	Q	T	U
A	I	K	A	K	A	U	S	I	T	K	E	J	B	O
F	R	A	G	M	E	N	T	T	E	J	A	D	B	P
A	R	V	I	O	I	N	T	I	E	D	A	A	I	W

ANALYYSI
SIVILISAATIO
LUUT
ASIANTUNTIJA
ARVIOINTI
FOSSIILI
FRAGMENTTEJA
HAUTA
MYSTEERI
JÄLKELÄINEN
OBJEKTI
TUNTEMATON
TUTKIJA
ANTIIKIN
PROFESSORI
JÄÄNNE
TIIMI
TEMPPELI
AIKAKAUSI

29 - Ziekte

P	V	U	S	Y	N	D	R	O	O	M	A	T	D	A
D	E	A	I	P	A	R	E	T	N	I	E	U	Z	L
D	L	R	T	Z	P	T	W	T	G	T	R	L	C	L
A	A	T	I	S	C	E	E	O	K	K	I	E	H	E
D	B	A	R	N	A	A	T	R	F	R	W	H	E	R
N	M	R	E	E	N	E	Q	Z	V	W	O	D	N	G
E	U	T	E	N	I	Ö	D	T	H	E	T	U	G	I
U	L	T	T	I	K	N	L	P	U	H	Y	S	I	A
R	D	U	K	N	S	D	U	L	B	Z	F	S	T	T
O	O	V	A	O	H	E	K	R	I	D	P	G	Y	B
P	G	A	B	O	L	U	U	T	L	N	Z	P	S	A
A	Y	R	T	R	S	Y	D	Ä	N	F	E	J	N	A
T	Q	H	T	K	I	I	Z	U	D	T	H	N	C	N
I	T	T	U	U	K	A	H	O	U	Q	J	R	P	F
A	K	A	I	M	M	U	N	I	T	E	E	T	T	I

AKUUTTI
HENGITYS
ALLERGIA
BAKTEERI
TARTTUVA
LUUT
VATSA
KROONINEN
PERINNÖLLINEN
TERVEYS
SYDÄN
IMMUNITEETTI
LUMBALE
KEHO
NEUROPATIA
TULEHDUS
SYNDROOMA
TERAPIA
HEIKKO

30 - Immigratie

O	H	K	L	W	V	B	S	G	U	I	K	A	L	N
S	A	J	A	R	C	I	S	S	E	R	T	S	A	E
W	L	I	V	G	I	R	E	E	S	P	U	A	P	U
S	L	Ä	R	L	F	Z	T	S	O	E	Q	U	S	V
U	I	T	N	U	S	I	A	K	T	A	R	N	E	O
O	N	N	I	D	T	G	Y	Y	B	I	N	J	T	T
J	T	Y	S	L	N	E	I	L	T	H	N	P	W	T
E	O	S	S	Y	A	H	S	N	N	F	Z	T	W	E
L	M	K	E	A	R	N	K	I	E	L	I	F	Ä	L
U	J	Ä	S	Z	I	C	N	H	U	E	Q	D	L	U
F	T	V	O	W	F	R	D	E	C	K	P	C	H	E
W	V	Y	R	W	G	E	A	B	B	P	I	A	U	M
A	Z	H	P	Z	N	E	N	I	M	U	S	A	C	D
W	R	M	O	R	A	H	O	I	T	U	S	Z	Y	M
A	S	I	A	K	I	R	J	A	H	D	K	D	O	H

HALLINTO
SUOJELU
VIESTINTÄ
ASIAKIRJA
RAHOITUS
HYVÄKSYNTÄ
RAJA
ASUMINEN
LAPSET
UPSEERI
NEUVOTTELU
RATKAISU
PROSESSI
TILANNE
STRESSI
KIELI
AIKUISET
LAKI

31 - Mythologie

L	U	O	M	I	N	E	N	H	E	N	L	K	S	K
Y	W	U	T	V	W	F	P	E	E	T	A	U	A	K
U	S	K	O	M	U	K	S	E	T	A	B	O	L	A
S	U	U	V	H	A	V	Y	E	U	I	Y	L	A	T
W	E	C	I	R	A	K	N	A	S	V	R	E	M	A
J	T	E	R	A	R	D	U	U	E	A	I	V	A	S
D	A	J	U	T	K	I	N	I	A	S	N	A	A	T
U	K	F	T	I	E	L	U	E	H	A	T	I	K	R
O	K	O	O	R	T	H	R	O	G	I	T	N	O	O
L	P	K	S	A	Y	C	F	I	F	E	I	E	S	F
E	A	D	O	K	P	W	M	H	B	N	L	N	T	I
N	U	U	Y	N	E	H	I	R	V	I	Ö	O	O	F
T	D	H	F	A	E	K	U	L	T	T	U	U	R	I
O	J	S	F	S	P	N	E	N	I	G	A	A	M	I
A	Y	B	N	U	D	N	J	M	L	N	B	S	L	S

ARKETYPE
SALAMA
LUOMINEN
KULTTUURI
UKKONEN
LABYRINTTI
SANKARI
SANKARITAR
TAIVAS
KATEUS
VAHVUUS
SOTURI
LEGENDA
MAAGINEN
HIRVIÖ
USKOMUKSET
KATASTROFI
KUOLEVAINEN
OLENTO
KOSTO

32 - Eten #1

P	S	Y	K	S	I	F	N	U	T	H	M	G	H	D
Ä	A	C	D	I	R	E	K	O	S	A	A	N	F	Q
Ä	L	I	L	T	O	S	F	J	J	P	A	P	S	R
R	A	P	L	R	Y	H	D	N	P	R	P	O	M	H
Y	A	T	A	U	K	V	R	E	H	I	Ä	F	A	E
N	T	M	I	U	P	D	O	A	P	K	H	O	N	T
Ä	T	T	T	N	M	I	F	E	O	O	K	N	S	S
I	I	J	T	A	M	S	S	O	R	O	I	M	I	U
L	I	H	A	K	A	I	S	O	K	S	N	E	K	P
P	N	A	A	I	I	P	U	F	K	I	Ä	H	K	P
J	B	I	N	L	T	U	O	D	A	L	S	U	A	E
V	G	C	I	I	O	L	L	T	N	E	A	Y	O	K
H	K	G	P	S	B	I	A	I	A	N	Y	V	I	F
C	V	R	M	A	J	G	T	N	A	A	L	Y	O	N
Y	S	Z	Y	B	H	U	C	Y	B	K	T	P	I	R

MANSIKKA
APRIKOOSI
BASILIKA
SITRUUNA
OHRA
KANELI
VALKOSIPULI
MAITO
PÄÄRYNÄ
MAAPÄHKINÄ
SALAATTI
MEHU
SUPPE
PINAATTI
SOKERI
TUNFISK
SIPULI
LIHA
PORKKANA
SUOLA

33 - Avontuur

M	N	C	O	Ä	V	Ä	T	S	Y	K	U	R	E	H
T	L	E	E	G	U	N	K	B	L	O	Z	E	P	A
T	T	O	I	M	I	N	T	A	L	H	I	T	Ä	A
G	U	M	L	U	O	N	T	O	Ä	D	K	K	T	S
U	A	R	A	G	K	J	U	T	T	E	A	I	A	T
I	L	O	V	T	B	D	Z	O	T	G	U	T	V	E
Y	R	W	B	A	K	E	V	O	Ä	Z	N	N	A	E
F	W	H	E	A	L	A	B	W	V	R	E	I	L	T
V	B	L	I	T	U	L	N	K	Ä	R	U	O	L	I
A	U	M	N	S	P	L	I	C	C	J	S	G	I	U
I	M	V	O	U	S	U	T	S	O	N	N	I	N	U
K	D	J	H	K	E	Q	C	J	U	N	V	V	E	S
E	Y	S	W	T	U	W	N	A	A	U	U	A	N	I
U	P	Z	Q	A	A	K	G	H	C	A	S	N	R	H
S	L	O	S	M	Z	D	N	L	M	N	M	G	P	N

TOIMINTA
KOHDE
INNOSTUS
RETKI
VAIKEUS
LUONTO
NAVIGOINTI
UUSI
EPÄTAVALLINEN
MATKA
MATKUSTAA
KAUNEUS
HAASTEET
TURVALLISUUS
YLLÄTTÄVÄ
ILO
YSTÄVÄ

34 - Restaurant #2

V	I	H	A	N	N	E	S	P	P	U	W	H	V	N
H	P	L	W	E	F	A	A	Z	Z	M	B	E	E	W
B	I	Z	K	E	W	W	H	S	C	D	R	D	S	M
I	L	H	A	A	R	U	K	K	A	S	V	E	I	C
T	L	U	P	N	R	E	Q	W	Z	B	P	L	O	N
T	V	L	S	N	W	W	E	Y	V	A	C	M	Q	A
A	T	W	A	I	Z	Y	T	S	M	O	T	Ä	J	J
A	I	R	L	L	K	C	C	U	K	K	A	K	D	I
L	L	Q	O	L	L	K	D	H	S	A	N	U	O	L
A	E	G	U	W	F	I	A	A	I	L	U	Ä	I	I
S	D	G	S	D	E	R	N	L	G	A	M	P	Ä	O
J	U	O	M	A	B	U	P	E	S	U	P	P	E	J
T	U	O	L	I	A	P	K	C	N	B	E	R	B	R
F	N	E	N	I	L	L	U	K	R	E	H	W	F	A
M	A	U	S	T	E	E	T	B	Z	B	A	K	N	T

KAKKU
ILLALLINEN
JUOMA
MUNAT
HEDELMÄ
VIHANNES
HERKULLINEN
JÄÄN
LUSIKKA
LOUNAS
NUUDELIT
TARJOILIJA
SALAATTI
SUPPE
MAUSTEET
TUOLI
KALA
HAARUKKA
VESI
SUOLA

35 - De Media

R	U	I	Y	G	P	N	A	Y	K	W	C	P	W	V
K	A	S	G	N	E	U	I	G	K	U	R	U	E	E
A	T	H	J	E	N	V	Y	Q	B	S	V	O	G	R
U	K	K	O	N	J	I	F	L	W	I	I	A	Q	K
P	A	O	K	I	R	T	S	U	D	N	I	L	T	O
A	F	U	K	L	T	E	E	T	N	E	S	A	Ö	S
L	W	L	R	A	E	U	O	E	F	H	A	N	B	S
L	K	U	E	A	W	N	S	P	A	I	N	O	S	A
I	C	T	V	T	J	U	L	K	I	N	E	N	I	S
N	P	U	B	I	T	H	E	L	A	M	O	N	A	S
E	J	S	G	G	L	A	U	S	U	N	T	O	L	E
N	Ä	T	N	I	T	S	E	I	V	R	A	D	I	O
L	T	K	S	D	Ä	L	Y	L	L	I	N	E	N	I
Z	P	A	I	K	A	L	L	I	N	E	N	O	M	V
T	E	L	E	V	I	S	I	O	G	U	A	E	Y	H

KAUPALLINEN
VIESTINTÄ
DIGITAALINEN
PAINOS
FAKTA
RAHOITUS
KUVAT
ASENTEET
YKSILÖ
INDUSTRI
ÄLYLLINEN
SANOMALEHTI
PAIKALLINEN
LAUSUNTO
VERKKO
KOULUTUS
VERKOSSA
JULKINEN
RADIO
TELEVISIO

36 - Bijen

K	U	N	I	N	G	A	T	A	R	K	B	J	P	C
K	J	T	C	Z	C	N	B	U	Z	U	D	R	U	B
B	N	U	U	U	P	Q	D	P	A	L	O	P	U	E
Ä	E	N	J	V	J	T	S	B	A	V	K	T	T	K
S	N	E	K	P	A	R	A	F	I	I	N	I	A	O
E	I	N	R	V	K	S	H	G	M	Y	I	V	R	S
P	E	I	O	N	K	U	H	E	G	H	R	S	H	Y
K	T	L	T	I	U	G	V	Z	D	H	U	A	A	S
U	N	L	A	E	K	R	S	W	M	E	A	K	W	T
K	Ö	Y	N	O	P	F	M	W	N	P	L	D	K	E
A	Y	D	I	T	C	Ö	R	U	O	K	A	M	U	E
T	H	Ö	L	Q	K	K	L	P	A	R	V	I	Ä	M
A	A	Y	L	M	H	I	R	Y	T	H	H	O	N	I
J	I	H	O	S	I	I	V	E	T	K	A	E	R	L
U	P	R	P	H	U	N	A	J	A	L	K	K	W	E

POLLINATOR
PESÄ
KUKAT
KUKKA
EKOSYSTEEMI
HEDELMÄ
HUNAJA
HYÖNTEINEN
KUNINGATAR
KASVIT
SAVU
SIITEPÖLY
PUUTARHA
SIIVET
RUOKA
HYÖDYLLINEN
PARAFIINI
AURINKO
PARVI

37 - Wandelen

U	T	Z	G	R	E	T	V	N	C	L	P	V	Q	V
V	U	S	D	B	U	H	V	S	K	U	I	C	Z	A
K	L	G	K	Y	N	O	Y	D	Z	O	K	U	A	A
V	Q	F	J	G	K	V	E	S	I	N	Q	Y	O	R
R	A	S	K	A	S	O	B	U	V	T	L	L	A	A
V	Ä	S	Y	N	Y	T	K	K	I	O	H	Q	O	T
K	V	U	B	O	S	S	O	O	K	E	M	B	S	O
S	A	U	I	E	P	A	D	K	U	D	M	M	A	T
S	T	L	O	I	Y	M	V	N	G	S	H	Y	A	S
T	T	M	L	R	L	L	I	I	N	J	L	Q	P	I
B	R	F	R	I	I	I	L	R	I	B	E	D	P	U
Y	A	C	L	L	O	Y	L	U	P	S	Ä	Ä	A	P
R	K	S	H	I	B	J	I	A	M	C	D	O	A	J
E	E	Y	C	S	U	U	N	T	A	Q	P	K	T	U
H	V	E	L	Ä	I	M	E	T	C	H	R	R	K	Q

VUORI
ELÄIMET
VAARAT
KARTTA
CAMPING
KALLIO
ILMASTO
SAAPPAAT
VÄSYNYT
LUONTO
SUUNTA
PUISTOT
KIVI
KOKOUS
VESI
SÄÄ
VILLI
AURINKO
RASKAS

38 - Biologie

I	N	O	R	U	E	N	H	O	R	M	O	N	I	E
S	Y	N	A	P	S	I	H	A	U	F	N	N	A	V
E	B	E	K	N	Y	N	E	I	L	H	T	M	N	O
E	B	N	O	D	T	H	R	S	O	K	H	I	A	L
T	K	I	L	P	I	F	M	Ä	O	S	I	S	T	U
N	R	L	L	W	G	M	O	K	F	L	R	O	O	U
Y	O	L	A	S	N	U	O	Ä	K	T	U	O	M	T
S	M	O	G	M	E	T	E	S	I	B	C	I	I	I
O	O	N	E	Z	H	A	R	I	M	Z	R	B	A	O
T	S	N	E	J	L	A	K	N	Y	O	K	M	S	Q
O	O	O	N	R	G	T	Y	R	Y	L	O	Y	I	Z
F	M	U	I	Z	F	I	Q	M	S	T	Y	S	W	L
J	I	L	M	P	F	O	M	H	T	D	E	F	I	D
P	R	O	T	E	I	I	N	I	N	L	C	P	Z	I
M	A	T	E	L	I	J	A	H	E	C	D	F	I	L

HENGITYS
ANATOMIA
SOLU
KROMOSOMI
KOLLAGEENI
PROTEIINI
ALKIO
ENTSYYMI
EVOLUUTIO
FOTOSYNTEESI
HORMONI
MUTAATIO
LUONNOLLINEN
NEURONI
OSMOOSI
MATELIJA
SYMBIOOSI
SYNAPSI
HERMO
NISÄKÄS

39 - Landen #1

N	A	E	T	I	B	A	K	J	O	N	M	K	U	I
L	E	A	I	T	T	I	B	H	R	F	Z	A	B	A
L	D	S	R	P	N	A	U	G	A	R	A	C	I	N
S	I	B	A	Y	L	E	L	I	H	C	S	C	Q	K
Z	H	B	K	G	F	C	B	I	S	K	K	K	Q	O
V	K	L	Y	E	D	U	R	Z	A	D	A	N	A	K
A	N	C	W	A	B	E	L	G	I	A	S	K	J	K
K	P	N	C	S	V	F	Y	V	L	I	I	A	R	O
S	E	N	E	G	A	L	E	L	I	V	S	M	O	R
R	O	M	A	N	I	A	I	U	S	T	R	B	N	A
P	D	H	B	E	J	T	M	O	A	A	A	O	R	M
Z	U	Y	K	H	Q	Z	Y	H	R	L	E	D	L	K
Q	T	O	P	A	N	A	M	A	B	T	L	Ž	L	R
S	Y	C	L	E	S	P	A	N	J	A	Y	A	Y	J
L	W	C	W	A	T	W	H	V	G	N	M	Z	W	K

BELGIA
BRASILIA
KAMBODŽA
KANADA
CHILE
SAKSA
EGYPTI
IRAK
ISRAEL
ITALIA
LATVIA
LIBYA
MAROKKO
NICARAGUA
NORJA
PANAMA
PUOLA
ROMANIA
SENEGAL
ESPANJA

40 - Installaties

K	A	S	V	I	L	L	I	S	U	U	S	O	E	G
G	J	B	Q	L	E	H	T	I	E	N	U	N	V	S
U	C	A	T	Y	T	R	G	V	R	S	A	P	G	U
Y	O	T	S	I	V	S	A	K	G	C	Y	J	K	P
C	A	E	T	I	O	N	N	A	L	O	A	M	C	L
M	E	T	S	Ä	T	I	A	S	K	Q	H	F	C	Z
S	M	V	K	W	Y	W	J	V	I	V	R	O	L	T
Q	A	K	S	U	P	P	U	I	T	T	A	R	U	M
L	K	M	F	B	I	A	U	T	H	Y	T	U	V	R
V	K	C	M	M	G	P	R	I	E	M	U	A	K	O
S	U	T	K	A	K	U	I	E	L	O	U	D	M	T
K	K	M	M	B	L	R	Y	D	N	Q	P	E	R	A
Y	R	T	T	I	Q	P	Q	E	U	Z	J	D	A	A
L	R	R	P	V	Y	Z	D	R	U	M	A	R	J	A
I	Y	D	R	P	A	L	W	M	P	E	Z	S	J	F

BAMBU
MARJA
PUUN LEHTI
KUKKA
PUU
PAPU
METSÄ
KAKTUS
KASVISTO
LEHTIEN

RUOHO
MURATTI
YRTTI
LANNOITE
SAMMAL
KASVITIEDE
PUSKA
PUUTARHA
KASVILLISUUS
JUURI

41 - Agronomie

L	A	O	C	N	L	A	N	N	O	I	T	E	M	V
R	I	G	Y	J	Q	P	P	A	P	Z	K	C	A	E
Q	G	T	I	M	E	E	T	S	Y	S	W	I	A	S
U	R	E	Z	A	T	U	O	T	A	N	T	O	T	I
S	E	N	N	A	H	I	V	O	D	P	E	I	A	H
J	N	E	P	S	W	T	Y	S	E	U	P	S	L	N
B	E	M	G	E	D	E	I	T	A	A	N	O	O	A
V	T	E	D	U	A	R	I	A	S	K	G	O	U	Y
Q	Z	I	F	D	K	F	P	D	Z	O	E	R	S	W
Q	L	S	N	U	S	G	W	B	F	U	R	E	K	Z
Q	U	J	G	N	I	N	S	N	E	R	U	R	O	F
K	E	S	T	Ä	V	Ä	E	K	O	L	O	G	I	A
Y	M	P	Ä	R	I	S	T	Ö	U	T	Y	L	Z	F
Y	U	C	A	O	O	R	G	A	A	N	I	N	E	N
F	R	T	T	U	T	K	I	M	U	S	J	L	L	T

KESTÄVÄ
EKOLOGIA
ENERGIA
EROOSIO
KASVU
VIHANNES
MAATALOUS
MAASEUDUN
LANNOITE
YMPÄRISTÖ
ORGAANINEN
TUOTANTO
TUTKIMUS
SYSTEEMIT
FORURENSNING
RUOKA
VESI
TIEDE
SIEMENET
SAIRAUDET

42 - Oceaan

K	S	D	M	B	H	I	V	N	K	A	L	A	M	A
S	I	A	A	Y	V	Z	A	E	V	T	M	W	A	N
I	N	L	V	F	R	D	O	A	I	T	T	B	N	K
F	I	A	P	J	R	S	N	C	N	U	J	H	E	E
N	I	K	R	I	D	D	K	H	P	I	D	N	T	R
U	F	E	K	L	K	V	Z	Y	A	R	N	M	O	I
T	L	T	A	L	K	O	N	K	Q	Q	M	E	V	A
U	E	S	T	A	V	H	N	L	E	V	Ä	T	I	S
S	D	U	K	R	Y	Q	A	N	S	U	O	L	A	S
S	V	M	A	O	W	W	V	N	A	W	A	T	K	F
E	R	Y	R	K	J	F	E	N	E	V	N	P	P	F
F	I	T	A	U	K	J	D	V	O	U	B	S	G	T
Z	T	D	V	I	F	B	I	C	P	P	Q	T	I	Y
L	Q	V	U	C	P	H	T	R	V	A	L	A	S	A
G	D	J	T	Z	V	O	S	T	E	R	I	A	H	J

ANKERIAS
LEVÄT
VENE
DELFIINI
KATKARAVUT
TIDEVANN
HAI
KORALLI
RAPU
MANET
MUSTEKALA
OSTERI
RIUTTA
KILPIKONNA
SIENI
MYRSKY
TUNFISK
KALA
VALAS
SUOLA

43 - Landen #2

M	F	K	U	Y	P	C	C	U	L	O	I	P	I	S
D	A	K	K	I	E	R	K	G	C	J	R	V	N	Y
O	M	L	Q	C	O	Q	R	A	D	Z	L	D	D	Y
K	Y	A	E	D	Ä	J	Ä	N	E	V	A	F	O	R
I	R	P	A	S	T	I	A	D	V	S	N	O	N	I
S	N	E	H	F	I	J	R	A	Q	D	T	I	E	A
K	O	N	N	O	N	A	B	I	L	R	I	M	S	P
E	M	M	K	E	N	I	A	R	J	W	I	E	I	R
M	G	S	A	U	K	R	A	I	N	A	Z	T	A	A
V	I	W	U	L	W	Q	A	I	R	E	G	I	N	N
L	A	O	S	V	I	F	K	O	S	E	Q	O	I	S
J	A	P	A	N	I	A	S	A	Y	F	B	P	G	K
R	N	E	U	Q	Y	U	N	R	L	K	L	I	G	A
L	C	W	D	Y	U	T	A	W	A	T	J	A	L	Z
W	N	Y	L	R	O	I	T	R	H	S	R	Z	W	W

TANSKA
ETIOPIA
RANSKA
KREIKKA
IRLANTI
INDONESIA
JAPANI
KENIA
LAOS
LIBANON
LIBERIA
MALESIA
MEKSIKO
NEPAL
NIGERIA
UGANDA
UKRAINA
VENÄJÄ
SOMALIA
SYYRIA

44 - Bloemen

V	P	A	U	R	I	N	G	O	N	K	U	K	K	A
O	A	F	S	K	R	M	L	O	W	K	R	L	F	P
L	A	V	E	N	T	E	L	I	U	V	S	T	K	Ä
B	I	D	F	M	S	A	L	I	P	A	K	G	D	I
W	K	R	Y	R	O	K	L	T	P	I	S	K	F	V
H	A	L	I	I	L	K	R	H	M	N	O	I	P	Ä
G	I	T	G	L	Q	U	U	E	I	E	J	N	Z	N
V	R	B	B	A	G	K	U	L	K	D	A	A	I	K
L	E	I	I	M	Z	I	S	Ä	T	R	S	A	K	A
L	M	C	I	S	C	O	U	R	M	A	M	P	T	K
Y	U	N	N	L	C	V	A	E	Z	G	I	P	E	K
T	L	P	I	D	D	U	T	T	B	B	I	L	M	A
J	P	L	I	L	J	A	S	A	O	U	N	U	I	R
U	N	I	K	K	O	E	K	P	G	B	I	T	E	A
O	R	K	I	D	E	A	M	A	G	N	O	L	I	A

TERÄLEHTI
KIMPPU
GARDENIA
HIBISCUS
JASMIINI
APILA
LAVENTELI
LILJA
LIILA
PÄIVÄNKAKKARA
MAGNOLIA
ORKIDEA
VOIKUKKA
UNIKKO
PIONI
PLUMERIA
RUUSU
TULPPAANI
AURINGONKUKKA

45 - Landschappen

R	T	T	U	S	R	E	G	R	J	I	V	S	V	S
U	E	U	E	U	D	K	D	U	C	K	U	A	O	U
W	U	G	N	O	K	K	I	V	A	A	O	A	L	O
B	L	Q	V	D	T	E	K	J	V	L	R	R	C	E
L	U	O	L	A	R	S	Ä	Ä	M	C	I	I	A	O
G	E	Y	S	I	R	A	M	R	E	Y	R	R	N	N
N	H	K	G	Y	Z	D	O	V	R	T	O	E	O	V
Q	A	W	H	L	G	I	J	I	I	Q	U	M	U	Y
L	A	A	K	S	O	E	R	O	N	F	V	A	Y	L
H	M	F	K	W	F	K	H	A	K	T	Ä	T	O	T
N	I	Y	Y	L	R	L	T	P	N	I	Ä	L	A	D
P	M	J	Ä	Ä	T	I	K	K	Ö	T	J	A	T	P
L	E	T	J	E	I	S	W	D	O	A	A	V	T	U
V	I	V	E	S	I	P	U	T	O	U	S	F	Q	K
Z	N	A	T	Q	V	F	C	W	T	Z	E	U	E	Q

VUORI
SAARI
GEYSIR
JÄÄTIKKÖ
LUOLA
MÄKI
JÄÄVUORI
JÄRVI
SUO
KEIDAS
VALTAMERI
JOKI
NIEMIMAA
RANTA
TUNDRA
LAAKSO
VOLCANO
VESIPUTOUS
AAVIKKO
MERI

46 - Tuin

O	P	O	B	M	J	O	A	R	E	C	U	G	V	B
C	U	J	I	R	R	A	K	E	N	U	Q	D	C	C
A	U	K	T	E	L	A	U	T	O	T	A	L	L	I
T	T	U	A	O	I	B	K	E	H	A	A	C	H	N
W	A	I	P	M	A	L	T	S	O	C	B	U	E	I
T	R	S	L	A	P	I	O	V	U	P	E	Q	D	I
U	H	T	U	G	R	E	S	S	R	P	V	N	E	L
U	A	I	E	N	K	E	N	E	S	R	M	P	L	O
P	R	I	I	P	P	U	M	A	T	T	O	F	M	P
S	E	Z	F	J	N	M	A	A	P	E	R	Ä	Ä	M
K	H	N	A	I	T	A	F	K	I	C	J	A	T	A
U	P	J	K	N	M	Y	G	P	D	O	U	T	A	R
Y	H	O	K	K	I	M	R	U	N	U	T	H	R	T
B	M	H	U	A	I	S	S	A	R	E	T	D	H	J
B	N	P	K	Z	B	M	I	O	N	G	M	F	A	J

PENKKI
KUKKA
MAAPERÄ
PUU
HEDELMÄTARHA
AUTOTALLI
NURMIKKO
RUOHO
RIIPPUMATTO
RAKE
AITA
UGRESS
LAPIO
LETKU
PUSKA
TERASSI
TRAMPOLIINI
PUUTARHA
KUISTI
LAMPI

47 - Beroepen #2

B	G	T	Q	O	O	A	O	L	T	D	T	C	T	O
E	T	S	I	V	Ä	S	Q	P	Ä	D	U	U	W	I
V	H	P	R	L	P	T	G	U	E	Ä	P	R	M	E
A	A	U	Ö	O	Z	R	F	P	N	T	K	L	F	T
L	M	U	Ö	A	Ä	O	Y	O	L	O	T	Ä	S	Z
O	M	T	N	J	J	N	E	L	P	O	U	A	R	S
K	A	A	I	A	I	A	J	I	K	T	U	T	J	I
U	S	R	S	T	L	U	T	I	W	K	V	F	R	A
V	L	H	N	T	E	T	B	T	A	I	U	I	D	P
A	Ä	U	I	I	J	T	Z	I	I	S	N	G	O	I
A	Ä	R	S	V	L	I	J	K	H	M	T	O	I	L
J	K	I	Z	U	I	F	Y	K	A	T	I	L	C	O
A	Ä	M	S	K	V	I	T	O	H	C	C	O	Y	T
O	R	K	U	S	T	A	N	T	A	J	A	I	T	T
K	I	I	H	L	K	I	R	U	R	G	I	B	U	I

LÄÄKÄRI
ASTRONAUTTI
BIOLOGI
VILJELIJÄ
KIRURGI
ETSIVÄ
VALOKUVAAJA
KUVITTAJA
INSINÖÖRI
TOIMITTAJA
OPETTAJA
TUTKIJA
PILOTTI
POLIITIKKO
HAMMASLÄÄKÄRI
PUUTARHURI
KUSTANTAJA

48 - Dagen en Maanden

N	L	N	U	Q	I	T	I	Y	C	M	P	J	U	L
Y	L	U	M	H	O	G	S	Z	P	C	E	D	K	U
P	J	N	M	D	Z	S	U	L	K	Z	R	W	H	F
I	A	T	N	A	N	A	A	M	U	E	J	T	L	Z
C	G	A	A	S	U	W	K	U	U	Z	A	J	D	Z
J	G	R	C	K	F	M	U	U	K	Ä	N	I	E	H
U	S	I	K	W	I	T	U	G	I	H	T	S	K	M
U	U	K	S	Y	Y	S	K	H	M	R	A	O	E	A
K	U	U	K	S	I	L	A	A	M	J	I	U	S	R
O	K	K	I	I	V	U	P	P	A	E	Q	V	Ä	R
L	A	E	I	A	T	S	R	O	T	M	K	D	K	A
E	K	A	A	M	V	J	T	F	Y	V	L	V	U	S
E	O	E	U	J	L	A	U	A	N	T	A	I	U	K
O	L	B	Z	K	M	E	T	I	I	S	T	A	I	U
A	A	W	P	N	O	C	H	E	L	R	G	O	I	U

ELOKUU
TIISTAI
TORSTAI
HELMIKUU
VUOSI
TAMMIKUU
HEINÄKUU
KESÄKUU
KUUKAUSI
MAANANTAI
MAALISKUU
MARRASKUU
LOKAKUU
SYYSKUU
PERJANTAI
VIIKKO
LAUANTAI

49 - Beeldende Kunsten

E	B	Ä	N	Y	K	Y	J	I	Y	L	I	H	E	J
A	E	N	I	L	E	T	S	U	A	L	A	A	M	P
M	R	Y	Y	D	B	E	L	H	U	S	S	S	D	K
L	V	K	I	N	I	I	F	A	R	A	P	O	A	A
U	A	C	K	A	E	Y	Q	Q	K	E	R	E	D	K
K	L	Z	O	I	Z	L	E	P	J	K	Y	T	T	K
Ö	O	M	L	F	T	B	O	N	R	R	A	I	B	I
K	K	T	I	Q	C	E	S	K	U	S	Y	R	Y	I
Ä	U	B	I	Z	B	E	H	S	U	A	L	A	A	M
N	V	F	T	Z	E	F	Y	T	N	V	H	T	S	A
Q	A	S	U	U	V	O	U	L	U	C	A	S	A	R
K	O	O	S	T	U	M	U	S	F	U	P	E	V	E
M	U	O	T	O	K	U	V	A	V	S	R	M	I	K
Q	U	E	Y	Q	A	J	I	L	I	E	T	I	A	T
V	E	I	S	T	O	S	A	B	F	E	Y	Q	D	J

ARKKITEHTUURI
TAITEILIJA
VEISTOS
LUOVUUS
MAALAUSTELINE
ELOKUVA
VALOKUVA
KERAMIIKKA
SAVI
LIITU
MESTARITEOS
KYNÄ
NÄKÖKULMA
MUOTOKUVA
LYIJYKYNÄ
KOOSTUMUS
MAALAUS
LAKKA
PARAFIINI

50 - Mode

E	D	U	L	L	I	N	E	N	F	R	I	N	T	K
P	B	O	U	T	I	Q	U	E	S	A	J	T	Y	U
R	N	E	N	I	Ä	R	E	P	U	K	L	A	Y	V
A	H	E	J	N	C	N	K	N	A	E	A	T	L	I
K	K	M	B	R	Y	O	L	F	T	N	Q	I	I	O
T	R	E	Y	E	P	T	J	V	N	N	Q	M	K	Z
I	U	O	I	D	D	A	B	A	U	E	Z	J	Ä	B
S	U	B	N	O	P	M	I	S	U	I	I	H	S	R
K	L	A	M	M	P	I	Q	N	S	P	E	J	V	O
A	G	A	S	P	I	T	S	I	I	B	W	L	N	D
Q	O	K	D	S	L	A	U	W	L	K	G	V	V	E
Q	S	C	C	Z	Y	A	K	D	L	I	K	U	K	R
Y	W	G	H	C	Y	V	A	S	A	J	H	E	G	I
V	A	A	T	E	T	J	J	L	K	M	L	T	E	D
M	U	K	A	V	A	K	A	N	G	A	S	Z	O	T

MITAT
VAATIMATON
EDULLINEN
BRODERI
MUKAVA
KALLIS
TYYLIKÄS
PITSI
VAATE
PAINIKKEET
MODERNI
ALKUPERÄINEN
KUVIO
PRAKTISK
TYYLI
KANGAS
RAKENNE
SUUNTAUS
BOUTIQUE

51 - Menselijk Lichaam

N	N	R	A	Z	V	B	W	B	Y	Q	S	P	N	D
E	Ä	M	L	I	S	A	I	U	A	F	V	U	S	N
H	D	U	W	L	V	U	T	U	K	A	U	L	A	T
G	Y	Ä	N	E	N	O	I	S	Ä	K	K	U	K	B
U	S	Ä	S	I	Q	S	T	I	A	K	D	F	N	N
Z	N	P	A	K	O	J	Y	I	K	L	I	E	K	Y
K	O	R	V	A	N	H	Y	R	L	I	E	L	V	P
B	L	Ä	Ä	P	K	O	L	B	A	N	Y	H	B	J
Q	R	N	Q	P	R	U	Q	R	J	S	I	Z	W	C
Q	A	Y	O	L	K	A	P	Ä	Ä	S	Y	U	W	J
V	I	Y	S	A	S	E	L	V	M	O	I	U	P	M
O	P	K	A	E	Z	Y	J	A	O	R	R	H	Q	T
L	E	U	K	A	V	E	R	I	K	M	K	J	O	G
P	O	L	V	I	E	J	J	M	D	I	B	P	D	R
A	R	Z	J	I	J	F	C	Q	J	U	O	L	P	T

JALKA
VERI
KYYNÄRPÄÄ
NILKKA
KÄSI
SYDÄN
AIVOT
PÄÄ
IHO
LEUKA
POLVI
VATSA
SUU
KAULA
NENÄ
SILMÄ
KORVA
OLKAPÄÄ
KIELI
SORMI

52 - Energie

C	K	O	B	C	I	N	O	T	O	F	S	U	W	U
H	Y	D	I	N	Y	R	Y	Ö	H	K	Ä	J	D	B
L	I	M	I	R	O	T	T	O	O	M	H	N	D	Z
L	E	I	L	U	U	T	F	S	Z	M	K	K	L	F
K	N	D	L	S	Y	R	Y	Y	U	S	Ö	S	P	O
L	I	N	I	I	B	R	U	T	V	D	I	C	U	R
Ä	A	D	I	E	S	E	L	Q	Ö	G	N	C	U	U
M	O	K	Z	A	I	P	O	R	T	N	E	I	S	R
P	T	I	K	H	L	N	B	V	S	R	N	T	I	E
Ö	T	K	N	U	B	E	N	S	I	I	N	I	U	N
Z	L	G	N	Y	E	R	J	F	R	Y	O	Y	T	S
W	O	R	Z	Y	G	A	R	O	Ä	J	A	E	U	N
U	P	Y	D	C	S	A	B	J	P	C	S	G	V	I
E	L	E	K	T	R	O	N	I	M	P	F	K	A	N
V	E	T	Y	G	J	Z	O	E	Y	N	H	A	N	G

AKKU
BENSIINI
POLTTOAINE
DIESEL
SÄHKÖINEN
ELEKTRONI
ENTROPIA
FOTONI
UUSIUTUVA
INDUSTRI
HIILI
MOOTTORI
YDIN
YMPÄRISTÖ
HÖYRY
TURBIINI
FORURENSNING
LÄMPÖ
VETY
TUULI

53 - Familie

V	R	J	V	I	S	L	A	P	S	E	T	K	C	I
E	E	U	R	E	Q	T	L	A	P	S	I	N	N	S
L	T	I	I	N	L	P	A	M	I	E	S	S	D	O
J	W	W	S	N	L	J	D	M	F	S	K	U	V	Ä
E	Q	I	B	P	A	C	E	R	F	F	I	U	D	I
N	G	J	V	B	P	A	U	N	Q	A	U	S	T	T
T	A	Ä	D	V	S	Q	O	J	P	P	R	P	Ä	I
Y	P	I	U	Z	E	N	T	Y	T	O	L	A	T	Q
T	D	T	R	S	N	V	A	I	M	O	I	L	E	V
Ä	H	I	R	H	L	Z	D	N	K	B	G	K	S	B
R	I	S	Ä	N	A	W	Y	G	S	L	D	L	A	S
F	J	V	T	Z	P	A	V	T	U	S	U	D	U	I
F	Z	F	Y	Ä	S	I	O	S	I	T	Ä	T	I	S
R	M	R	T	W	I	G	G	T	P	U	P	S	V	K
P	O	J	A	N	P	O	I	K	A	K	Z	L	H	O

VELI
TYTÄR
ISOÄITI
LAPSUUS
LAPSI
LAPSET
LAPSENLAPSI
POJANPOIKA
MIES
ÄITI
VELJENPOIKA
VELJENTYTÄR
SETÄ
ISOISÄ
TÄTI
ISÄ
ISÄN
STAMFAR
VAIMO
SISKO

54 - Gebouwen

L	L	Ä	H	E	T	Y	S	T	Ö	S	I	T	Y	C
S	A	E	L	O	K	U	V	A	W	K	N	O	K	R
U	T	B	S	A	I	R	A	A	L	A	O	T	A	L
P	E	A	O	W	H	A	N	M	G	R	I	U	T	R
E	L	M	E	R	P	K	H	W	A	V	R	F	L	H
R	T	K	S	W	A	E	T	L	O	A	O	B	Q	U
M	T	J	U	N	W	T	N	S	Y	O	T	E	W	W
A	A	V	M	O	B	F	O	W	I	B	A	I	H	A
R	S	T	A	D	I	O	N	R	O	M	V	L	L	R
K	O	A	E	C	K	F	M	W	I	R	R	L	U	A
E	J	Z	C	G	K	N	V	J	N	O	E	E	W	E
T	A	W	D	T	Ö	Q	B	J	R	S	S	T	T	G
L	I	N	N	A	M	C	Z	J	O	D	B	O	J	E
H	U	O	N	E	I	S	T	O	T	M	O	H	D	D
T	E	H	D	A	S	T	E	A	T	T	E	R	I	C

LÄHETYSTÖ
HUONEISTO
ELOKUVA
MAATILA
MÖKKI
TEHDAS
HOTELLI
LINNA
LABORATORIO
MUSEO
OBSERVATORIO
KOULU
LATO
STADION
SUPERMARKET
TELTTA
TEATTERI
TORNI
SAIRAALA

55 - Beroepen #1

O	I	B	M	O	K	K	I	N	A	A	K	E	M	R
H	J	Z	C	G	E	O	L	O	G	I	B	Z	E	E
E	O	K	K	I	S	U	U	M	T	T	G	O	T	D
U	L	I	B	G	I	S	P	L	S	S	A	I	S	A
R	I	Ä	T	T	C	V	E	V	E	I	P	F	Ä	K
H	A	L	I	A	I	H	K	I	I	N	T	A	S	T
E	S	R	R	N	J	L	U	E	M	A	E	R	T	Ø
I	I	I	Ä	C	L	A	J	Q	O	I	E	G	Ä	R
L	A	J	K	K	S	Ä	C	U	L	P	K	O	J	R
I	N	K	Ä	E	Y	J	Ä	A	A	C	K	T	Ä	Q
J	A	B	Ä	P	P	Q	C	K	P	K	I	R	U	M
A	J	R	L	L	S	Y	R	V	Ä	E	H	A	M	P
V	A	T	A	N	S	S	I	J	A	R	Z	K	I	A
F	J	P	A	N	K	K	I	I	R	I	I	R	D	B
P	A	K	U	L	T	A	S	E	P	P	Ä	R	S	Z

ASIANAJAJA
APTEEKKI
URHEILIJA
PANKKIIRI
PALOMIES
KARTOGRAFI
TANSSIJA
ELÄINLÄÄKÄRI
LÄÄKÄRI
REDAKTØR
GEOLOGI
METSÄSTÄJÄ
KULTASEPPÄ
PUTKIMIES
MEKAANIKKO
MUUSIKKO
PIANISTI
HOITAJA

56 - Antarctica

N	J	Q	M	N	I	E	M	I	M	A	A	B	H	N
Q	A	S	T	L	B	A	L	I	T	Ö	P	M	Ä	L
R	E	T	K	I	K	U	N	T	A	Y	P	I	B	K
F	A	R	F	L	H	H	B	C	R	N	F	N	S	I
T	I	E	T	E	E	L	L	I	N	E	N	E	S	V
M	F	E	Z	O	D	Z	Q	S	Ä	J	W	R	A	I
U	A	R	A	R	E	U	R	E	Ä	A	M	A	A	N
U	R	B	L	K	I	A	O	V	J	Y	K	A	R	E
T	G	S	A	U	T	U	I	R	F	W	U	L	E	N
T	O	I	H	Y	N	M	V	U	K	U	S	I	T	Q
O	P	I	T	Q	A	T	U	T	K	I	J	A	I	P
Z	O	V	I	P	A	S	O	N	A	A	M	S	N	U
L	T	L	A	Y	M	P	Ä	R	I	S	T	Ö	H	P
S	Ä	I	L	Y	T	T	Ä	M	I	N	E	N	U	Y
A	E	P	I	N	G	V	I	I	N	I	T	U	I	J

LAHTI
SÄILYTTÄMINEN
MAANOSA
SAARET
RETKIKUNTA
MAANTIEDE
ISBREER
JÄÄN
MUUTTO
MINERAALI
YMPÄRISTÖ
TUTKIJA
PINGVIINIT
KIVINEN
NIEMIMAA
LÄMPÖTILA
TOPOGRAFIA
VESI
TIETEELLINEN
PILVI

57 - Ballet

T	O	H	W	W	T	B	A	F	E	V	L	B	I	T
A	A	A	Z	M	Ä	A	Y	B	A	A	Q	K	L	A
N	I	R	O	L	J	L	I	I	L	N	Q	W	M	I
S	F	J	R	V	Ä	L	R	K	E	C	A	T	E	T
S	A	O	K	B	T	E	S	K	A	H	I	L	I	E
I	R	I	E	N	L	R	U	I	K	H	L	P	K	E
J	G	T	S	C	E	I	D	I	K	O	Y	N	Ä	L
A	O	E	T	Y	V	N	H	S	I	L	Y	N	S	L
T	E	L	E	B	Ä	A	L	U	I	M	T	I	S	I
T	R	L	R	R	S	K	Y	M	N	N	L	T	E	N
N	O	A	I	Y	Y	Z	W	L	K	Q	S	A	B	E
E	K	N	C	L	T	T	D	S	E	O	R	I	Q	N
R	W	N	Z	R	T	Q	M	N	T	I	G	T	G	G
Z	A	J	J	N	D	E	W	I	E	P	S	O	D	S
H	A	R	J	O	I	T	U	K	S	E	T	Ö	E	C

TAITEELLINEN
BALLERINA
KOREOGRAFIA
SÄVELTÄJÄ
TANSSIJAT
ILMEIKÄS
ELE
MUSIIKKI
ORKESTERI
HARJOITELLA
YLEISÖ
HARJOITUKSET
RYTMI
LIHAKSET
TYYLI
TEKNIIKKA
TAITO

58 - Fruit

P	B	H	K	O	D	A	K	O	V	A	H	I	Z	R
H	E	L	H	V	R	B	A	N	A	A	N	I	Y	W
R	L	R	W	M	U	A	K	K	I	S	R	I	K	P
D	Ä	O	S	T	T	Ø	N	S	O	K	O	K	I	W
V	P	H	E	I	E	F	N	S	G	G	W	L	V	M
M	Y	A	N	U	K	I	I	V	S	K	D	N	R	A
I	R	N	V	T	M	K	I	W	K	I	K	Z	G	R
A	N	A	N	A	S	E	A	M	L	E	D	A	V	J
V	V	H	S	J	O	I	L	D	J	M	Y	A	Y	A
O	P	G	C	D	M	W	A	O	F	I	A	W	N	N
U	S	L	I	F	E	L	P	Ä	N	Y	R	Ä	Ä	P
M	A	N	G	O	N	O	V	V	H	I	V	I	I	K
U	F	H	E	Y	A	A	P	R	I	K	O	O	S	I
U	E	E	V	L	S	I	T	R	U	U	N	A	V	A
L	N	E	K	T	A	R	I	I	N	I	E	I	N	Y

APRIKOOSI
ANANAS
OMENA
AVOKADO
BANAANI
MARJA
SITRUUNA
RYPÄLE
VADELMA
KIRSIKKA
KIIVI
KOKOSNØTT
MANGO
MELONI
NEKTARIINI
ORANSSI
PÄÄRYNÄ
PERSIKKA
LUUMU
VIIKUNA

59 - Engineering

M	O	N	A	K	T	I	K	D	R	S	P	P	K	R
E	I	H	H	O	I	S	L	U	P	O	R	P	L	A
N	N	T	A	N	A	Y	I	U	T	V	N	Q	I	K
D	C	E	T	E	B	Y	R	Z	B	A	E	M	I	E
A	W	L	R	A	P	V	O	P	M	H	S	G	K	N
J	G	Q	B	G	U	Y	T	J	F	V	T	H	E	T
I	F	G	L	C	I	S	T	F	W	U	E	E	N	A
S	I	A	F	U	A	A	O	B	Y	U	Y	Y	N	M
I	L	E	S	K	A	W	O	M	V	S	Q	T	E	I
A	K	L	A	S	K	E	M	I	N	E	N	W	K	N
K	I	V	A	K	A	U	S	C	M	M	C	M	A	E
L	E	S	E	I	D	Q	O	Y	J	P	E	L	R	N
A	R	B	Y	K	A	A	V	I	O	K	R	R	F	R
H	T	H	Z	I	Q	I	K	U	L	M	A	V	R	H
H	O	O	U	K	F	H	Z	O	E	I	L	B	R	O

AKSELI
LASKEMINEN
LIIKE
RAKENTAMINEN
KAAVIO
HALKAISIJA
SYVYYS
DIESEL
ENERGIA
KULMA
VAHVUUS
KONE
MITTAUS
MOOTTORI
KIERTO
VAKAUS
RAKENNE
NESTE
PROPULSIO
KITKA

60 - Literatuur

R	D	H	V	M	R	R	R	T	Z	Y	R	T	F	M
L	U	I	E	U	Y	C	O	I	Y	K	R	A	I	E
B	J	N	C	B	T	U	M	T	M	Y	Z	V	K	T
A	E	M	O	W	M	B	A	T	P	U	L	M	T	A
L	L	U	C	L	I	Ä	A	O	S	L	C	I	I	F
A	H	R	T	D	L	J	N	O	I	U	D	F	O	O
T	A	V	J	D	A	I	I	D	E	O	L	M	T	R
R	S	N	U	H	A	K	N	K	R	U	N	O	A	A
E	V	L	A	M	E	E	T	E	D	I	A	L	O	G
K	V	C	C	L	V	T	P	N	N	O	Y	D	N	Y
Ä	N	U	U	P	O	A	N	A	L	Y	Y	S	I	U
M	K	B	Z	V	L	G	P	Ä	Ä	T	E	L	M	Ä
Ä	H	O	T	I	U	L	I	A	T	R	E	V	N	O
L	A	U	S	U	N	T	O	A	T	R	O	H	Z	K
E	D	O	W	L	O	P	P	U	S	O	I	N	T	U

ANALOGIA
ANALYYSI
ANEKDOOTTI
TEKIJÄ
ELÄMÄKERTA
PÄÄTELMÄ
DIALOG
FIKTIOTA
RUNO
LAUSUNTO
METAFORA
RUNOLLINEN
LOPPUSOINTU
RYTMI
ROMAANI
TYYLI
TEEMA
VERTAILU

61 - Technologie

E	S	E	Z	S	O	N	W	S	M	Q	B	D	L	T
N	W	A	A	J	J	W	T	Ö	Z	E	L	G	N	U
O	H	J	E	L	M	I	S	T	O	Y	O	R	K	R
K	T	O	D	E	I	T	U	T	N	G	G	V	L	V
O	A	S	G	A	S	S	R	Y	O	I	I	G	E	A
T	W	M	O	F	S	E	I	Ä	I	R	A	J	E	L
E	B	K	E	D	L	I	V	N	Z	O	U	L	B	L
I	A	N	P	R	E	V	N	A	A	S	V	I	E	I
T	Z	D	S	A	A	I	A	N	O	R	A	N	Y	S
J	R	Q	B	B	N	S	T	L	F	U	T	T	P	U
T	U	T	K	I	M	U	S	T	P	K	J	E	M	U
V	I	R	T	U	A	A	L	I	N	E	N	R	R	S
T	I	L	A	S	T	O	T	H	W	U	F	N	H	M
N	N	F	O	N	T	T	I	E	M	T	H	E	G	B
D	I	G	I	T	A	A	L	I	N	E	N	T	A	Y

VIESTI
TIEDOSTO
BLOGI
SELAIN
TAVUA
KAMERA
TIETOKONE
KURSORI
DIGITAALINEN
TIEDOT
INTERNET
FONTTI
TUTKIMUS
NÄYTTÖ
OHJELMISTO
TILASTOT
TURVALLISUUS
VIRTUAALINEN
VIRUS

62 - Boeken

C	N	R	F	N	M	I	D	H	S	Ä	U	S	E	D
N	V	W	T	U	E	L	U	K	I	J	A	I	E	P
V	J	R	O	H	R	N	U	C	E	I	G	V	P	D
S	A	R	J	A	K	L	I	R	Z	K	V	U	P	J
Ä	M	Q	H	Z	K	T	L	G	L	E	W	P	I	F
I	L	N	A	N	I	R	A	T	A	T	E	O	N	R
L	E	H	U	F	N	F	U	V	U	A	S	F	E	O
E	O	O	L	V	E	E	H	N	Z	T	R	V	N	M
S	K	K	I	M	N	H	I	J	O	A	J	T	T	A
K	O	K	A	K	S	I	N	A	I	S	U	U	S	A
E	K	Q	K	K	O	N	T	E	K	S	T	I	U	N
K	O	Y	K	S	K	R	I	F	T	L	I	G	O	I
L	L	A	I	T	N	A	A	V	E	L	E	R	N	H
J	C	L	E	K	E	R	T	O	J	A	U	L	U	M
W	I	J	S	G	Y	B	R	A	R	K	H	S	R	R

TEKIJÄ
SEIKKAILU
SIVU
KOKOELMA
KONTEKSTI
KAKSINAISUUS
EEPPINEN
RUNO
SKRIFTLIG
KEKSELIÄS
MERKKI
LUKIJA
RUNOUS
RELEVAANTIA
ROMAANI
SARJA
TRAAGINEN
TARINA
KERTOJA

63 - Meer Informatie

F	K	I	R	J	A	T	M	Y	H	P	T	R	S	O
A	Ä	I	L	L	U	U	S	I	O	A	B	E	A	R
N	K	Ä	O	M	R	O	B	O	T	T	I	A	L	A
T	E	C	R	A	V	U	K	O	L	E	K	L	A	A
A	M	M	A	I	P	O	T	U	R	P	L	I	P	K
S	I	A	I	G	M	Q	P	E	F	J	C	S	E	K
T	K	A	P	O	E	M	S	U	A	O	A	T	R	E
I	A	I	O	L	W	A	Ä	S	U	M	T	I	Ä	L
N	A	L	T	O	D	I	R	I	K	Q	T	N	I	I
E	L	M	S	N	I	N	R	O	N	B	E	E	N	B
N	I	A	Y	K	F	I	J	U	O	E	E	N	E	S
N	T	B	D	E	V	J	G	Z	B	Z	N	U	N	O
E	A	O	Q	T	C	E	Q	G	A	L	A	K	S	I
V	S	K	E	N	A	A	R	I	O	C	L	T	W	U
R	Ä	J	Ä	H	D	Y	S	J	M	W	P	B	I	V

ELOKUVA
KIRJAT
KEMIKAALIT
DYSTOPIA
RÄJÄHDYS
ÄÄRIMMÄINEN
FANTASTINEN
ILLUUSIO
SALAPERÄINEN
ORAAKKELI
PLANEETTA
REALISTINEN
ROBOTTI
SKENAARIO
GALAKSI
TEKNOLOGIA
UTOPIA
MAAILMA

64 - Haartypes

K	C	R	N	V	H	B	Z	L	M	P	J	M	A	K
A	A	U	T	E	R	V	E	G	M	U	M	V	A	I
O	A	S	E	B	N	W	R	I	M	N	T	G	L	H
D	M	K	F	B	O	I	U	W	G	O	M	M	T	A
D	N	E	N	I	O	K	L	A	V	T	H	U	O	R
W	V	A	A	M	R	A	H	L	P	T	N	S	I	A
P	A	P	E	H	M	E	Ä	F	I	U	Ä	T	L	T
A	A	C	N	O	H	U	T	K	B	R	V	A	E	L
K	L	N	F	E	K	K	V	N	L	E	Ä	Q	V	Z
S	E	N	K	U	R	N	U	R	P	O	T	V	A	O
U	A	L	H	O	P	E	A	I	U	P	L	Q	Q	E
J	I	Y	K	A	L	J	U	Z	V	C	I	Q	H	P
Y	G	H	P	I	T	K	Ä	R	M	A	I	Z	D	R
P	J	Y	K	I	H	A	R	A	T	V	K	K	C	L
C	G	T	J	T	K	W	I	P	N	C	A	J	Q	V

VAALEA
RUSKEA
PAKSU
KUIVA
OHUT
VÄRILLINEN
PUNOTTU
TERVE
KIILTÄVÄ
AALTOILEVA
HARMAA
KALJU
LYHYT
KIHARAT
KIHARA
PITKÄ
VALKOINEN
PEHMEÄ
HOPEA
MUSTA

65 - Stad

M	S	T	A	D	I	O	N	G	J	O	V	R	L	Y
U	N	F	V	A	P	T	E	E	K	K	I	A	E	E
S	V	W	U	K	F	G	V	I	P	C	U	V	I	C
E	A	Q	K	A	P	U	N	R	O	C	A	I	P	F
O	H	S	O	U	H	O	T	E	L	L	I	N	O	T
U	T	G	L	P	Y	J	O	T	D	D	R	T	M	M
Z	F	S	E	P	Z	R	R	T	D	B	E	O	O	A
I	U	L	A	A	P	R	P	A	I	N	L	L	C	R
G	L	E	R	J	H	F	M	E	K	L	L	A	C	K
Z	T	Y	V	G	R	O	Z	T	K	K	A	I	L	K
O	T	S	I	P	O	I	L	Y	N	O	G	J	O	I
A	K	K	I	N	I	L	K	U	A	U	U	K	F	N
K	I	R	J	A	K	A	U	P	P	A	N	L	V	A
N	A	T	Z	T	E	K	R	A	M	R	E	P	U	S
L	Q	H	E	L	Ä	I	N	T	A	R	H	A	C	H

APTEEKKI
LEIPOMO
PANKKI
KIRJASTO
ELOKUVA
KIRJAKAUPPA
ELÄINTARHA
GALLERIA
HOTELLI
KLINIKKA
LUFTHAVN
MARKKINA
MUSEO
RAVINTOLA
KOULU
STADION
SUPERMARKET
TEATTERI
YLIOPISTO
KAUPPA

66 - Creativiteit

K	N	R	B	Q	V	S	O	C	U	G	P	S	P	W
J	E	N	N	U	T	A	T	I	O	I	S	I	V	G
U	N	K	J	D	G	V	I	B	E	N	Y	Y	Q	J
O	I	A	S	R	Y	U	A	K	Q	A	E	H	P	N
K	L	T	U	E	Y	K	T	Y	U	A	K	S	U	E
S	L	I	O	K	L	P	U	B	Z	T	L	P	S	N
E	E	O	T	F	Y	I	R	M	G	N	E	E	I	I
V	E	E	I	G	Z	R	Ä	W	Q	O	S	L	A	T
U	T	D	A	R	S	Y	O	S	N	P	P	S	M	T
U	I	I	N	T	U	I	T	I	O	S	D	N	L	A
S	A	M	I	O	V	N	I	L	E	C	B	F	I	A
G	T	I	N	N	O	I	T	U	S	C	L	W	F	M
I	N	T	E	N	S	I	T	E	E	T	T	I	Z	A
M	I	E	L	I	K	U	V	I	T	U	S	A	Y	R
M	E	S	Z	U	P	P	G	L	S	S	C	T	H	D

TAITEELLINEN
KUVA
DRAMAATTINEN
AITOUS
TUNNE
SELKEYS
IDEOITA
VAIKUTELMA
INNOITUS
INTENSITEETTI
INTUITIO
KEKSELIÄS
SPONTAANI
ILMAISU
TAITO
MIELIKUVITUS
VISIOITA
ELINVOIMA
JUOKSEVUUS

67 - Natuur

D	Q	K	V	M	A	Q	I	T	S	M	B	I	K	I
W	U	B	L	E	J	Q	V	R	Q	U	I	P	A	O
F	M	H	L	T	Y	J	L	O	C	R	M	P	L	R
A	J	O	U	S	J	P	I	O	B	C	H	U	L	D
S	Ö	K	K	Ä	H	Y	P	P	U	S	Y	F	I	S
V	S	P	R	B	Q	T	Z	P	F	H	F	A	O	K
Ö	U	P	B	F	N	E	N	I	M	A	A	N	Y	D
K	K	Y	N	N	H	V	U	N	A	E	U	J	V	E
K	A	U	N	E	U	S	Ä	E	K	R	Ä	T	W	L
I	I	R	K	I	N	L	L	N	A	O	C	U	M	Ä
T	P	A	O	T	P	I	R	K	H	O	N	V	S	I
Ä	J	T	E	H	D	K	T	B	N	S	Q	N	T	M
Ä	J	P	H	E	U	O	O	K	K	I	V	A	A	E
J	V	I	L	L	I	J	P	O	R	O	Z	R	R	T
M	E	H	I	L	Ä	I	N	E	N	A	O	A	Q	I

ARKTINEN
MEHILÄINEN
METSÄ
ELÄIMET
DYNAAMINEN
EROOSIO
LEHTIEN
JÄÄTIKKÖ
PYHÄKKÖ
KALLIO
SUMU
JOKI
KAUNEUS
SUOJA
TROOPPINEN
TÄRKEÄ
VILLI
AAVIKKO
PILVI

68 - Zoogdieren

U	I	S	V	J	L	G	Ä	K	R	Ä	H	L	H	N
A	H	U	N	M	E	Z	S	B	I	S	A	A	Q	N
P	W	S	E	U	I	H	M	U	H	S	P	U	Z	A
C	A	I	E	A	J	D	O	Y	O	U	S	R	O	N
D	R	N	U	A	O	A	Z	U	U	F	D	A	O	E
Y	I	K	T	L	N	G	M	O	V	K	E	V	H	B
P	O	P	T	T	A	V	R	V	N	A	A	E	K	K
B	K	T	E	Z	E	I	E	N	P	L	O	N	S	M
Y	L	C	K	E	U	R	U	G	N	E	K	A	I	Y
A	P	I	N	A	C	B	I	L	E	M	A	K	V	V
K	O	J	O	O	T	T	I	N	F	W	S	Q	H	A
H	E	V	O	N	E	N	D	K	C	D	Y	Y	A	L
D	E	L	F	I	I	N	I	K	K	K	H	H	R	A
G	O	R	I	L	L	A	Y	V	R	W	W	D	I	S
J	E	M	H	U	D	A	O	P	V	W	U	N	K	S

APINA
KOJOOTTI
DELFIINI
AASI
VUOHI
KIRAHVI
GORILLA
KOIRA
KAMELI
KENGURU
KISSA
KANI
LEIJONA
NORSU
HEVONEN
PANTTERI
HÄRKÄ
KETTU
VALAS
SUSI

69 - Overheid

S	I	V	I	I	L	I	T	L	L	R	S	L	Z	N
Q	H	J	A	T	N	U	K	A	S	N	A	K	Z	M
Q	N	O	J	S	U	T	I	T	S	N	O	K	Z	J
O	I	T	L	A	V	S	T	M	L	A	J	G	N	O
A	I	T	A	R	K	O	M	E	D	A	A	C	T	T
K	T	K	R	I	M	E	K	H	A	H	K	R	M	I
K	T	V	E	H	U	P	K	U	E	J	L	I	V	L
I	N	S	U	U	S	I	A	L	A	S	N	A	K	O
I	E	C	G	U	S	P	H	J	I	U	P	P	J	B
T	M	V	A	V	O	F	Z	O	S	A	P	I	O	M
I	U	R	V	M	F	O	S	P	N	P	H	I	H	Y
L	N	E	N	I	L	L	A	S	N	A	K	R	T	S
O	O	V	J	K	R	Z	U	P	P	V	O	I	A	J
P	M	R	A	U	H	A	L	L	I	N	E	N	J	E
R	E	T	T	S	L	I	G	W	G	N	G	F	A	U

KANSALAISUUS
SIVIILI-
DEMOKRATIA
TASA-ARVO
RETTSLIG
OIKEUS
KONSTITUSJON
JOHTAJA
MONUMENTTI
KANSAKUNTA
KANSALLINEN
POLITIIKKA
RAUHALLINEN
VALTIO
SYMBOLI
PUHE
VAPAUS
LAKI
PIIRI

70 - Voertuigen

Z	T	I	D	R	Q	V	U	O	B	L	U	B	V	H
P	R	K	F	E	V	K	A	Ä	P	I	F	Z	C	E
T	A	C	U	N	C	V	L	R	C	Z	I	K	L	L
A	K	U	K	K	Q	N	U	Ö	E	W	J	V	A	I
S	T	E	P	A	F	B	K	Y	O	B	C	Q	U	K
T	O	A	O	A	T	R	K	P	A	V	I	B	T	O
A	R	G	M	T	Q	Q	U	U	U	M	J	L	T	P
U	I	J	I	B	Y	I	S	K	V	E	N	E	A	T
T	F	J	R	A	U	B	G	L	G	V	P	Q	Q	E
O	A	A	T	T	U	L	U	O	K	Q	P	O	F	R
S	C	O	O	T	E	R	A	P	M	E	T	R	O	I
T	T	C	L	C	O	T	E	N	G	O	Q	A	G	S
R	A	K	E	T	T	I	Y	I	S	K	A	T	H	S
M	O	O	T	T	O	R	I	H	P	S	L	Y	W	U
L	E	N	T	O	K	O	N	E	A	B	I	D	A	B

AMBULANSSI
AUTO
RENKAAT
VAREBIL
VENE
BUSSI
POLKUPYÖRÄ
HELIKOPTERI
METRO
MOOTTORI
RAKETTI
SCOOTER
SUKKULA
TAKSI
TRAKTORI
KOULUTTAA
LAUTTA
LENTOKONE
KUKA

71 - Geografie

H	T	S	H	I	J	M	V	B	G	P	U	E	E	N
O	C	A	S	O	N	A	A	M	C	V	T	T	K	P
A	F	L	J	U	B	A	L	Q	L	L	R	E	R	N
V	K	T	Q	N	A	S	T	M	K	V	Y	L	H	E
K	U	A	B	R	C	S	A	A	H	A	I	Ä	S	S
A	U	O	U	J	P	A	M	A	A	M	R	A	P	R
J	Y	I	R	P	E	H	E	I	L	E	A	T	T	E
O	J	T	C	I	U	H	R	L	V	R	A	S	T	C
K	G	J	I	U	L	N	I	M	K	I	S	A	Q	A
I	L	L	L	I	A	H	K	A	U	D	U	J	Q	C
K	O	R	K	E	U	S	P	I	L	I	S	N	Ä	L
E	M	I	C	G	N	Q	V	J	E	A	M	V	A	O
L	E	V	E	Y	S	A	S	T	E	A	E	F	H	M
P	O	H	J	O	I	N	E	N	Y	N	R	A	N	W
H	R	L	E	Z	D	H	Y	K	T	I	I	V	F	T

ATLAS
VUORI
LEVEYSASTE
MAANOSA
SAARI
HALVKULE
KORKEUS
KARTTA
MAASSA
MERIDIAANI
POHJOINEN
VALTAMERI
ALUE
JOKI
KAUPUNKI
MAAILMA
LÄNSI
MERI
ETELÄ

72 - Kunstbenodigdheden

R	E	K	H	S	E	T	S	U	M	C	R	R	Z	M
Y	D	Q	S	A	S	I	U	A	Y	B	M	Q	S	V
M	Q	H	K	V	M	L	U	O	B	N	A	U	N	A
M	O	I	E	I	F	L	V	P	L	J	A	H	D	U
H	A	R	J	A	T	E	O	I	V	I	L	K	A	V
N	D	E	E	W	V	R	U	G	F	M	A	A	Y	B
Q	V	P	Z	R	D	A	L	T	V	U	U	M	R	P
Ö	J	A	D	W	L	V	H	L	D	K	S	E	C	K
O	L	P	O	G	R	K	Q	Z	V	E	T	R	V	U
D	F	J	Y	C	G	A	V	G	I	H	E	A	Z	Z
F	I	H	Y	K	Y	N	Ä	C	M	Y	L	P	F	H
I	D	E	O	I	T	A	V	S	U	Y	I	Ö	I	F
A	C	Q	B	V	Ä	R	I	U	E	P	N	Y	S	V
L	I	I	M	A	M	A	A	L	I	T	E	T	T	Q
C	A	K	R	Y	Y	L	I	S	E	V	E	Ä	D	U

AKRYYLI
AKVARELLIT
HARJAT
KAMERA
LUOVUUS
MAALAUSTELINE
PYYHEKUMI
IDEOITA
MUSTE
SAVI
VÄRI
LIIMA
ÖLJY
PAPERI
KYNÄ
TUOLI
PÖYTÄ
MAALIT
VESI

73 - Barbecues

M	Ä	K	L	Ä	N	R	K	K	N	D	L	N	E	E
U	K	P	U	V	F	B	K	E	Z	N	O	R	D	U
S	A	I	V	U	Q	T	U	S	P	N	U	N	Q	Z
I	S	P	Y	E	M	W	T	Ä	T	E	N	O	T	B
I	T	P	V	J	I	A	S	E	N	N	A	H	I	V
K	I	U	S	H	R	T	U	H	A	I	S	V	T	J
K	K	R	R	A	T	R	S	R	G	L	R	H	A	H
I	E	I	F	U	L	Z	R	E	I	L	W	E	A	U
J	O	W	S	I	Y	A	Y	P	T	A	B	D	M	M
S	I	P	U	L	I	C	A	D	R	L	N	E	O	Y
E	G	A	F	L	E	R	N	T	Z	L	L	L	T	F
K	L	L	E	I	G	T	A	Y	I	I	M	M	H	L
H	K	O	K	R	T	C	K	J	I	T	E	Ä	Z	R
W	M	U	B	G	V	Y	Y	A	C	T	N	D	A	Z
T	O	S	O	V	V	C	J	G	B	J	M	O	E	B

ILLALLINEN
PERHE
HEDELMÄ
GRILLI
VIHANNES
KUUMA
NÄLKÄ
KANA
LOUNAS
VEITSET
MUSIIKKI
PIPPURI
SALAATIT
KASTIKE
TOMAATIT
SIPULI
KUTSU
GAFLER
KESÄ
SUOLA

74 - Schoonheid

S	K	A	R	M	O	Q	U	S	K	O	U	T	F	A
H	A	O	Q	V	O	D	K	M	A	V	I	R	Ä	V
A	S	H	S	R	L	P	F	E	L	K	S	Y	D	W
M	Y	I	Q	M	D	Z	D	I	Y	L	S	K	L	I
P	T	I	L	I	E	P	M	K	M	W	N	E	W	S
O	Ä	T	B	E	R	T	R	K	C	A	A	F	T	T
O	H	F	R	B	Ä	Y	I	I	S	H	G	O	U	Y
Y	E	I	U	M	B	J	S	I	Ä	D	E	T	L	L
C	I	T	Q	Q	E	L	Q	Z	K	L	L	O	E	I
T	V	S	F	N	A	Ö	M	H	I	K	E	G	V	S
F	E	E	K	Z	U	E	L	H	L	I	A	E	L	T
R	I	P	S	I	V	Ä	R	I	Y	J	S	N	A	I
K	C	P	W	C	P	I	D	Q	Y	M	F	I	P	L
M	D	E	M	O	G	D	U	C	T	O	I	B	W	C
G	D	L	K	I	H	A	R	A	T	S	G	Q	O	M

VIEHÄTYS
KOSMETIIKKA
PALVELUT
TYYLIKÄS
ELEGANSSI
FOTOGEN
ARMO
TUOKSU
SILEÄ
IHO
VÄRI
KIHARAT
LEPPESTIFT
RIPSIVÄRI
ÖLJYT
SAKSET
SHAMPOO
PEILI
STYLISTI
MEIKKI

75 - Wetenschappelijke Discip

A	I	G	O	L	O	I	B	I	O	K	E	M	I	A
R	M	E	T	E	O	R	O	L	O	G	I	A	K	B
K	A	I	G	O	L	O	R	U	E	N	S	H	E	E
E	N	T	Ä	H	T	I	T	I	E	D	E	G	M	N
O	A	T	M	E	K	A	N	I	I	K	K	A	I	F
L	T	K	A	S	V	I	T	I	E	D	E	P	A	S
O	O	I	M	M	U	N	O	L	O	G	I	A	C	U
G	M	Z	M	A	I	G	O	L	A	R	E	N	I	M
I	I	A	J	A	I	G	O	L	O	I	S	Y	F	E
A	A	T	Q	J	L	G	E	O	L	O	G	I	A	S
H	R	R	E	A	I	G	O	L	O	I	S	O	S	T
E	D	E	I	T	N	I	Ä	L	E	J	W	G	V	I
B	I	K	W	Y	B	U	Z	A	O	S	A	T	Z	V
R	O	B	O	T	I	I	K	K	A	K	U	Y	N	A
P	S	Y	K	O	L	O	G	I	A	Q	E	U	R	R

ANATOMIA
ARKEOLOGIA
TÄHTITIEDE
BIOKEMIA
BIOLOGIA
KEMIA
EKOLOGIA
FYSIOLOGIA
GEOLOGIA
IMMUNOLOGIA
MEKANIIKKA
METEOROLOGIA
MINERALOGIA
NEUROLOGIA
KASVITIEDE
PSYKOLOGIA
ROBOTIIKKA
SOSIOLOGIA
RAVITSEMUS
ELÄINTIEDE

76 - Bijvoeglijke Naamwoorden

K	P	S	T	U	O	T	T	A	V	A	P	G	Y	V
U	U	A	U	L	R	I	U	V	G	J	N	N	L	A
V	H	K	J	O	B	E	R	O	U	T	D	U	P	S
A	D	A	Y	T	L	R	E	U	S	B	A	N	E	T
U	A	J	W	I	A	A	N	L	A	F	E	E	Ä	U
S	S	H	N	A	N	G	I	L	L	I	V	L	P	U
I	L	A	A	M	R	O	N	N	F	S	R	I	S	L
Q	W	L	S	V	N	J	N	V	E	E	E	A	Y	L
V	Ä	S	Y	N	Y	T	G	W	A	N	T	S	S	I
G	W	Z	H	K	D	Y	T	D	G	H	D	J	I	N
I	B	P	Z	C	O	T	H	H	J	J	V	N	N	E
D	R	A	M	A	A	T	T	I	N	E	N	A	U	N
C	L	G	N	E	N	I	L	L	O	N	N	O	U	L
G	S	U	C	H	J	J	C	S	Q	L	M	V	S	B
N	Ä	L	K	Ä	I	N	E	N	H	N	Y	E	I	O

AITO
LAHJAKAS
KUVAUS
LUOVA
DRAMAATTINEN
TERVE
NÄLKÄINEN
VÄSYNYT
LUONNOLLINEN
UUSI
NORMAALI
TUOTTAVA
UNELIAS
VAHVA
YLPEÄ
VASTUULLINEN
TUORE
VILLI
SUOLAINEN
PUHDAS

77 - Kleding

K	A	U	L	A	K	O	R	U	K	W	Y	V	L	E
A	D	D	N	A	Q	R	O	Y	C	E	I	E	K	S
R	A	A	V	E	G	E	R	B	F	B	N	M	N	I
M	N	Z	P	N	S	S	B	Y	Y	D	T	K	U	L
B	T	K	M	R	I	U	U	Q	C	R	U	E	Ä	I
Å	H	Y	U	P	V	P	K	Y	N	G	M	Z	D	I
N	R	S	S	P	T	I	L	A	A	D	N	A	S	N
D	W	F	H	O	U	S	U	T	T	C	Q	M	L	A
M	U	O	T	I	K	G	K	E	M	A	H	A	B	A
M	E	K	K	O	R	F	G	E	Q	T	A	J	F	B
T	A	K	K	I	A	L	G	N	H	I	Ö	Y	V	S
B	S	N	H	V	F	J	P	I	Q	A	V	P	K	J
Y	C	W	L	I	W	F	H	S	N	P	T	Q	R	T
O	C	W	E	U	V	N	D	Ä	Q	S	K	T	G	E
Z	B	Q	I	H	P	Q	Q	K	Q	O	Q	S	U	O

ARMBÅND
PUSERO
HOUSUT
KÄSINEET
HATTU
TAKKI
FARKUT
MEKKO
KAULAKORU
MUOTI
PYJAMA
VYÖ
HAME
SANDAALIT
KENKÄ
ESILIINA
PAITA
HUIVI
SUKAT

78 - Vliegtuigen

M	M	A	T	K	U	S	T	A	J	A	P	T	J	J
O	R	A	K	E	N	T	A	M	I	N	E	N	Q	F
O	K	M	I	L	M	A	P	A	L	L	O	P	G	Q
T	I	L	M	A	I	N	E	N	F	C	L	L	Y	T
T	Z	I	C	S	M	I	E	H	I	S	T	Ö	H	A
O	G	T	D	E	K	O	R	K	E	U	S	F	U	I
R	N	E	N	I	M	U	T	U	E	K	S	A	L	V
I	I	V	T	K	T	Q	D	M	T	W	C	I	H	A
J	M	E	K	K	N	T	H	U	G	Q	S	H	I	S
N	R	T	Y	A	D	I	O	G	I	V	A	N	S	Z
E	O	Y	G	I	Q	N	J	L	E	B	T	S	T	Q
B	F	K	V	L	K	H	Q	J	I	M	N	F	O	B
R	T	T	C	U	K	S	A	L	I	P	U	R	R	I
T	U	R	B	U	L	E	N	S	S	I	U	W	I	Q
P	O	L	T	T	O	A	I	N	E	K	S	W	A	D

LASKEUTUMINEN
ILMAINEN
SEIKKAILU
ILMAPALLO
MIEHISTÖ
RAKENTAMINEN
POLTTOAINE
HISTORIA
TAIVAS
KORKEUS
LASKU
ILMA
MOOTTORI
NAVIGOIDA
UTFORMING
MATKUSTAJA
PILOTTI
SUUNTA
TURBULENSSI
VETY

79 - Herbalisme

D	O	D	J	C	E	V	T	J	O	H	R	K	R	T
A	R	O	M	A	A	T	T	I	N	E	N	U	O	I
T	Z	W	U	Ä	D	B	O	A	A	I	C	L	S	M
W	Q	W	V	E	S	T	Y	H	G	L	T	I	M	J
F	M	E	I	R	A	M	I	R	E	E	I	N	A	A
N	W	O	P	H	S	N	F	A	R	T	L	A	R	M
M	J	M	E	I	O	M	U	T	O	N	L	A	I	I
P	A	W	S	V	S	Q	T	U	K	E	I	R	I	S
K	E	K	U	K	E	U	A	U	K	V	I	I	N	R
B	L	R	U	K	N	M	A	P	W	A	Q	N	I	C
M	F	L	S	A	I	F	L	L	L	L	R	E	P	I
F	K	H	M	I	A	B	V	R	B	A	O	N	Z	K
U	P	M	W	I	L	U	P	I	S	O	K	L	A	V
W	C	T	U	S	W	J	G	F	E	N	K	O	L	I
K	U	K	K	A	F	U	A	K	I	L	I	S	A	B

AROMAATTINEN
BASILIKA
KUKKA
KULINAARINEN
TILLI
RAKUUNA
VIHREÄ
AINESOSA
VALKOSIPULI
LAATU
LAVENTELI
MEIRAMI
OREGANO
PERSILJA
ROSMARIINI
MAKU
TIMJAMI
PUUTARHA
FENKOLI

80 - Kracht en Zwaartekracht

Y	L	W	A	H	P	S	A	T	S	U	K	S	E	K
M	L	L	A	A	J	E	N	N	U	S	T	U	P	E
A	H	E	Z	Q	G	K	V	N	G	J	R	U	A	T
G	A	K	I	A	A	F	H	L	Ö	A	R	R	I	Ä
N	Q	I	N	S	S	K	A	K	T	I	K	U	N	I
E	Q	I	K	O	T	E	S	S	Y	A	V	U	E	S
T	H	L	W	C	P	Ä	O	E	Ö	K	A	S	B	Y
I	P	A	I	N	O	E	G	I	L	K	I	U	F	Y
S	V	I	Z	S	U	E	U	V	Z	I	K	W	K	S
M	G	S	B	P	F	A	W	S	G	I	U	I	W	H
I	F	Y	S	I	I	K	K	A	H	N	T	W	I	R
K	I	I	N	T	E	I	S	T	Ö	A	U	Q	Q	Y
D	Y	N	A	A	M	I	N	E	N	K	S	P	U	N
I	D	O	Q	D	D	T	L	T	V	E	H	O	Q	I
T	Z	U	E	J	F	T	Q	Y	M	M	F	M	B	I

ETÄISYYS
AKSELI
LIIKE
KESKUSTA
PAINE
DYNAAMINEN
KIINTEISTÖ
PAINO
VAIKUTUS
MAGNETISMI
MEKANIIKKA
FYSIIKKA
SUURUUS
LÖYTÖ
NOPEUS
AIKA
LAAJENNUS
YLEISTÄ
KITKA

81 - Rijden

T	M	Q	T	S	C	M	Q	U	B	A	E	K	D	K
U	B	I	Z	U	P	J	J	N	M	L	T	A	L	A
R	P	I	W	E	N	O	K	A	A	S	U	T	I	A
V	A	T	J	P	H	N	L	Y	P	D	R	U	I	A
A	J	R	F	O	U	T	E	T	D	W	R	Q	K	K
L	I	S	S	N	E	S	I	L	T	R	A	F	E	K
L	K	A	K	U	K	O	O	E	I	O	J	N	N	L
I	L	U	K	C	W	A	E	A	R	A	A	V	N	P
S	U	T	B	H	T	O	T	M	O	M	W	I	E	O
U	K	O	W	S	U	U	M	O	T	T	E	N	N	O
U	N	T	H	S	Z	W	R	T	T	T	Z	M	Z	E
S	A	A	N	B	M	E	W	U	O	I	T	J	B	J
P	L	L	P	R	G	S	B	A	O	E	M	T	W	T
H	A	L	K	A	R	T	T	A	M	Z	J	C	V	D
E	J	I	S	I	I	L	O	P	E	V	V	A	I	R

AUTO
POLTTOAINE
AUTOTALLI
KAASU
VAARA
KARTTA
LISENSSI
MOOTTORI
ONNETTOMUUS
POLIISI
JARRUT
NOPEUS
KATU
TUNNELI
TURVALLISUUS
LIIKENNE
JALANKULKIJA
KUKA
TIE

82 - Wetenschap

T	B	F	O	S	S	I	I	L	I	N	Z	O	B	Z
O	K	E	M	I	A	L	L	I	N	E	N	B	E	P
S	E	V	O	L	U	U	T	I	O	M	C	I	I	L
I	L	Y	Y	K	E	L	O	M	L	M	R	P	F	F
A	K	K	I	I	S	Y	F	I	L	M	A	S	T	O
S	M	A	O	G	L	V	U	K	H	M	P	T	T	H
I	N	E	T	O	D	E	I	T	A	I	Z	O	I	Y
A	S	O	N	O	P	N	R	Q	V	N	B	R	E	P
L	U	K	L	E	M	H	Y	E	A	E	H	G	D	O
S	U	F	A	S	T	I	L	S	I	R	I	A	E	T
J	H	O	U	I	J	E	Q	G	N	A	U	N	M	E
R	R	U	N	E	E	E	L	L	T	A	K	I	I	E
D	C	K	U	T	Q	Z	H	M	O	L	S	S	E	S
U	B	V	Z	H	O	I	K	S	Ä	I	E	M	S	I
L	A	B	O	R	A	T	O	R	I	O	T	I	V	K

ATOMI
KEMIALLINEN
HIUKSET
EVOLUUTIO
KOE
TOSIASIA
FOSSIILI
TIEDOT
HYPOTEESI
ILMASTO
LABORATORIO
MENETELMÄ
MINERAALI
MOLEKYYLI
LUONTO
FYSIIKKA
HAVAINTO
ORGANISMI
TIEDEMIES

83 - Natuurkunde

Y	Y	S	M	I	K	N	H	T	N	V	N	D	J	K
M	L	C	U	S	I	M	O	T	A	E	C	I	V	A
A	E	Q	E	J	I	C	S	F	P	A	S	D	A	A
G	I	P	O	H	H	E	Q	J	Y	V	J	U	C	O
N	S	Z	H	B	D	R	T	W	M	A	W	U	L	S
E	T	Y	E	H	Y	F	W	E	V	A	J	L	U	R
T	Ä	I	R	O	T	T	O	O	M	K	S	R	S	S
I	Q	G	I	L	Y	Y	K	E	L	O	M	S	A	U
S	K	O	E	F	S	U	W	Q	N	M	I	R	A	E
M	P	B	J	B	Q	Y	N	J	N	Q	F	G	K	P
I	U	C	L	I	O	E	E	K	U	M	S	K	K	O
A	H	W	I	T	J	R	F	H	B	J	M	E	H	N
H	I	U	K	K	A	N	E	N	I	F	T	W	A	U
H	U	H	M	K	O	I	N	O	R	T	K	E	L	E
M	E	K	A	N	I	I	K	K	A	A	V	J	L	F

ATOMI
KAAOS
HIUKKANEN
TIHEYS
ELEKTRONI
KOE
KAAVA
TAAJUUS
KAASU
MAGNETISMI
MASSA
MEKANIIKKA
MOLEKYYLI
MOOTTORI
NOPEUS
YLEISTÄ
KIIHDYTYS

84 - Muziekinstrumenten

P	O	N	O	B	O	E	P	A	S	U	U	N	A	H
C	C	A	H	S	E	L	L	O	U	A	O	M	T	U
W	R	C	U	P	P	R	A	H	Q	R	N	K	R	U
R	N	M	I	N	O	F	O	S	K	A	S	P	U	L
C	U	Q	L	A	A	J	N	E	C	T	V	Z	M	I
S	T	P	U	L	U	I	V	I	H	I	I	N	P	H
I	E	M	M	B	F	N	D	F	E	K	N	F	E	A
I	G	Q	A	U	T	I	G	O	N	G	I	A	T	R
U	A	K	L	A	R	I	N	E	T	T	I	G	T	P
I	M	H	C	V	V	L	I	F	G	O	R	O	I	P
J	W	M	M	U	B	O	Z	G	L	F	U	T	O	U
W	G	K	P	L	A	D	R	S	I	J	B	T	Z	Q
K	U	C	F	K	N	N	K	J	M	H	M	I	T	U
P	I	A	N	O	J	A	B	M	I	R	A	M	F	D
Q	B	H	P	R	O	M	E	H	U	A	T	L	C	D

BANJO
SELLO
FAGOTTI
HUILU
KITARA
GONG
HARPPU
OBOE
KLARINETTI
MANDOLIINI
MARIMBA
HUULIHARPPU
PIANO
SAKSOFONI
TAMBURIINI
PASUUNA
RUMPU
TRUMPETTI
VIULU

85 - Antiek

T	K	L	J	A	M	U	I	B	N	Y	I	O	C	R
Y	V	O	T	I	A	U	Y	K	O	R	I	S	T	E
Y	G	A	L	Y	I	U	I	V	V	C	L	U	E	I
L	A	J	N	I	L	W	N	E	R	B	Y	T	P	A
I	L	A	U	H	K	A	W	H	A	L	Y	I	Ä	V
K	L	T	L	A	A	O	A	S	O	U	T	O	T	N
Ä	E	S	A	R	A	J	T	T	B	N	U	J	A	L
S	R	A	K	L	M	T	M	I	U	E	V	I	V	V
H	I	R	E	T	Q	S	N	C	R	W	O	S	A	E
I	A	R	N	K	E	R	Ä	I	L	I	J	Ä	L	I
N	Y	A	O	V	U	O	S	I	S	A	T	A	L	S
T	J	H	U	U	T	O	K	A	U	P	P	A	I	T
A	Z	F	H	S	I	U	F	Y	K	Q	S	A	N	O
Z	B	E	N	T	I	S	Ö	I	N	T	I	P	E	S
P	H	V	G	T	E	T	A	I	D	E	U	I	N	V

AITO
VEISTOS
KORISTE
VUOSISATA
TYYLIKÄS
GALLERIA
SIJOITUS
TAIDE
LAATU
HARRASTAJA
HUONEKALU
KOLIKOT
EPÄTAVALLINEN
VANHA
HINTA
ENTISÖINTI
TYYLI
HUUTOKAUPPA
KERÄILIJÄ
ARVO

86 - Activiteiten en Vrije Ti

T	N	U	H	R	M	W	W	Y	F	T	B	P	H	Z
E	Y	I	Q	E	V	A	O	U	T	P	G	D	P	O
N	R	M	A	N	Y	A	T	D	W	Y	P	O	Z	L
N	K	A	O	T	Q	S	E	K	G	O	C	L	L	L
I	K	F	L	O	G	U	E	L	U	K	I	L	P	A
S	E	T	L	U	L	L	T	G	L	S	S	A	O	P
U	I	A	A	T	Q	L	H	D	W	U	T	P	R	I
A	L	I	B	T	I	E	A	A	I	I	S	A	G	R
L	Y	D	E	A	J	K	G	P	S	Q	R	K	A	O
A	U	E	S	V	Q	U	I	L	O	D	C	L	U	K
A	F	B	A	A	T	S	E	A	K	T	G	A	L	O
M	P	V	B	C	A	M	P	I	N	G	N	J	C	G
K	A	L	A	S	T	U	S	O	S	C	C	E	H	D
L	H	A	R	R	A	S	T	U	K	S	E	T	L	N
L	A	I	N	E	L	A	U	T	A	I	L	U	S	A

KORIPALLO
NYRKKEILY
SUKELLUS
GOLF
KALASTUS
HARRASTUKSET
BASEBALL
CAMPING
TAIDE
RENTOUTTAVA
KILPA
MATKUSTAA
MAALAUS
LAINELAUTAILU
TENNIS
JALKAPALLO
LENTOPALLO
VAELLUS
UIMA

87 - Water

H	A	I	H	T	U	M	I	N	E	N	J	T	E	I
P	U	C	C	S	J	N	M	V	U	J	Ä	H	U	O
M	R	G	M	V	Q	V	U	N	A	R	R	P	C	R
J	Ä	Ä	N	P	E	K	L	A	W	H	V	G	R	R
V	G	B	S	Z	W	U	I	T	O	R	I	C	I	Z
A	T	V	G	P	O	Z	N	V	K	T	N	K	W	Z
L	O	U	N	E	A	V	A	N	A	K	U	W	O	T
T	O	L	L	B	Y	M	A	E	S	W	U	T	T	J
A	C	U	Y	V	M	S	K	S	T	U	S	L	L	O
M	Z	M	N	T	A	U	I	T	E	M	N	S	A	B
E	D	A	S	M	E	E	R	R	L	P	O	H	A	P
R	E	H	E	S	T	T	R	E	U	M	M	Ö	J	V
I	J	K	F	J	S	S	U	I	H	K	U	Y	H	V
C	F	P	F	M	O	O	H	S	P	Z	W	R	T	D
Z	N	E	N	A	K	K	A	P	N	W	J	Y	V	F

SUIHKU
GEYSIR
AALTO
JÄÄN
KASTELU
KANAVA
JÄRVI
MONSUUNI
VALTAMERI
HURRIKAANI
TULVA
SADE
JOKI
LUMI
HÖYRY
HAIHTUMINEN
KOSTEA
KOSTEUS
PAKKANEN

88 - Koffie

L	S	K	M	F	R	K	A	R	M	F	H	T	S	R
K	D	U	O	T	I	A	M	Y	G	D	Y	W	D	Z
E	B	C	O	F	M	W	Y	D	R	L	E	I	V	A
R	J	C	U	D	E	T	S	E	N	M	D	S	S	E
M	Z	K	G	Z	A	I	P	P	U	K	L	F	G	O
A	P	U	K	A	M	T	I	Y	R	K	V	U	R	B
A	I	M	O	R	A	A	T	N	I	H	E	J	H	V
H	H	A	P	A	N	H	V	A	I	T	S	S	K	L
U	S	A	R	M	U	S	T	A	A	A	I	P	U	V
A	I	N	T	E	N	E	P	Q	E	W	R	C	K	J
J	U	O	M	A	K	K	E	C	Y	U	E	M	U	K
R	D	V	A	J	O	T	E	G	Q	B	K	K	P	A
J	W	I	Y	C	W	P	A	V	G	W	O	E	M	F
A	L	K	U	P	E	R	Ä	K	I	L	S	P	H	W
K	H	C	O	K	H	B	G	K	Z	U	E	N	Z	I

AROMI
KUPPI
KATKERA
KOFEIINIA
JUOMA
SUODATTAA
JAUHAA
MAITO
AAMU

ALKUPERÄ
HINTA
KERMA
MAKU
SOKERI
NESTE
VESI
HAPAN
MUSTA

89 - Schaken

W	S	U	A	N	R	U	T	E	E	T	S	A	A	H
D	T	T	H	E	A	I	N	H	S	S	I	S	I	P
A	C	Y	V	R	J	R	M	Z	A	R	V	A	G	U
N	E	N	I	L	A	A	N	O	G	A	I	D	E	P
K	V	V	W	N	A	T	E	U	N	T	U	A	T	A
L	I	A	D	Z	L	S	A	R	I	A	R	M	A	S
Q	C	L	S	Q	E	E	T	T	N	G	B	R	R	S
A	K	F	P	T	P	M	S	S	U	N	V	W	T	I
A	I	K	A	A	U	Z	U	K	K	I	G	J	S	I
O	P	P	I	A	I	S	M	N	K	N	H	E	N	V
I	Q	S	L	K	F	L	T	W	O	U	F	A	I	I
S	Ä	Ä	N	N	Ö	T	U	A	F	K	I	P	R	N
V	A	L	K	O	I	N	E	N	J	P	E	L	I	E
V	M	M	T	Q	C	H	E	H	R	A	D	A	J	N
D	S	V	B	T	W	Z	C	E	E	K	H	P	P	T

DIAGONAALINEN
MESTARI
KUNINGAS
KUNINGATAR
OPPIA
UHRATA
PASSIIVINEN
SÄÄNNÖT
PELI
PELAAJA
STRATEGIA
VASTUSTAJA
AIKA
TURNAUS
HAASTEET
KILPAILU
VALKOINEN
MUSTA

90 - Boerderij #1

K	I	S	S	A	E	G	C	M	C	J	M	N	V	K
T	S	O	T	D	Q	L	P	A	H	N	I	F	E	V
P	S	T	V	B	F	D	Ä	A	Z	Z	L	T	H	A
N	W	P	A	E	U	Z	N	T	P	J	R	D	E	S
H	M	Q	V	A	G	U	P	A	T	I	A	N	H	I
Q	E	E	I	Q	O	D	C	L	G	N	K	K	U	K
L	B	V	H	K	A	N	A	O	R	I	E	Q	N	K
E	T	K	O	I	S	A	A	U	S	T	C	K	A	A
H	O	C	U	N	L	S	N	S	I	R	A	V	J	H
M	M	R	V	O	E	Ä	P	O	B	G	S	L	A	R
Ä	P	P	F	A	Ä	N	I	E	H	H	N	Z	L	I
Q	O	C	S	R	E	F	D	N	R	Y	O	E	R	I
P	A	R	V	I	W	C	G	D	E	V	E	S	I	S
L	A	N	N	O	I	T	E	Q	G	N	J	L	H	I
Q	P	L	O	K	A	S	I	E	M	E	N	E	T	Z

MEHILÄINEN
AASI
VUOHI
AITA
KOIRA
HUNAJA
HEINÄ
VASIKKA
KISSA
KANA
LEHMÄ
VARIS
PARVI
MAATALOUS
LANNOITE
HEVONEN
RIISI
KENTTÄ
VESI
SIEMENET

91 - Huis

K	R	O	T	V	M	A	T	U	U	L	P	L	S	K
P	A	L	U	L	A	K	E	N	O	U	H	Q	E	E
U	A	T	Q	C	T	K	T	I	C	P	V	O	I	I
U	J	I	T	Y	T	A	L	Z	H	P	A	E	N	T
T	J	L	N	O	O	T	I	H	R	M	C	Y	Ä	T
A	U	J	Z	V	E	R	Q	T	G	A	I	V	O	I
R	P	R	S	J	N	S	I	R	A	L	L	E	K	Ö
H	P	P	Z	Z	O	T	S	A	J	R	I	K	U	Z
A	I	M	A	K	U	U	H	U	O	N	E	L	L	I
G	I	N	P	W	H	Y	S	T	I	J	P	F	L	J
U	P	U	D	E	W	S	Q	U	P	E	M	U	A	B
A	U	T	O	T	A	L	L	I	I	S	Y	K	K	L
J	V	O	L	D	P	V	P	R	F	H	R	M	K	G
Q	A	F	B	U	U	I	D	J	F	R	K	U	O	B
W	S	U	V	E	V	L	H	U	S	M	N	U	O	C

LUUTA
KIRJASTO
KATTO
OVI
SUIHKU
AUTOTALLI
TAKKA
AITA
HUONE
KELLARI
KEITTIÖ
LAMPPU
HUONEKALU
SEINÄ
SAVUPIIPPU
MAKUUHUONE
PEILI
MATTO
PUUTARHA
ULLAKKO

92 - Geometrie

Y	N	Y	S	N	K	P	I	C	M	Ä	R	Y	Ä	K
M	D	S	E	E	J	S	K	G	E	M	K	G	W	O
P	Q	S	G	L	G	Y	D	G	D	Z	K	K	G	L
Y	G	J	M	I	G	A	K	K	I	I	G	O	L	M
R	G	N	E	Ö	A	M	R	Q	A	L	H	L	U	I
Ä	Z	T	N	J	Y	L	I	E	A	A	A	O	L	O
Y	Z	J	T	T	W	U	A	L	N	S	L	D	O	Z
P	H	V	T	P	S	K	I	T	I	K	K	D	T	S
K	I	T	I	T	E	O	R	I	A	E	A	R	T	Z
P	O	N	Ä	D	A	J	T	B	K	M	I	E	U	Q
W	D	R	T	L	Z	J	E	A	A	I	S	T	V	V
K	N	J	K	A	Ö	N	M	V	A	N	I	T	U	G
I	C	R	W	E	F	Z	M	P	V	E	J	Q	U	F
R	F	O	P	P	U	F	Y	P	Z	N	A	Y	S	D
O	A	J	B	G	A	S	S	A	M	S	T	H	S	S

LASKEMINEN
YMPYRÄ
KÄYRÄ
HALKAISIJA
ULOTTUVUUS
KOLMIO
KULMA
KORKEUS
VAAKA
LOGIIKKA
MASSA
MEDIAANI
PINTA
SEGMENTTI
SYMMETRIA
TEORIA
YHTÄLÖ
LODDRETT
NELIÖ

93 - Jazz

I	T	O	P	O	V	J	O	V	A	L	K	U	A	S
T	E	R	A	L	Y	A	S	I	U	L	U	U	K	Ä
T	K	K	I	P	H	Z	N	R	L	I	J	W	Y	V
R	N	E	N	Y	N	B	I	H	U	Q	R	T	H	E
E	I	S	O	R	T	U	Q	Z	A	Y	I	A	K	L
S	I	T	T	C	I	Y	Q	P	L	I	M	J	O	T
N	K	E	U	F	K	Y	Y	R	Y	T	M	I	O	Ä
O	K	R	S	H	I	J	A	L	E	Q	B	L	S	J
K	A	I	D	O	S	H	V	A	I	W	M	I	T	Ä
A	Y	J	A	V	O	P	B	O	M	T	N	E	U	Z
Z	I	K	Q	A	U	Y	T	N	U	K	Z	T	M	M
T	S	Y	Y	M	S	T	T	D	B	F	G	I	U	A
R	U	M	M	U	T	E	K	M	L	C	Y	A	S	J
M	U	S	I	I	K	K	I	H	A	F	J	T	B	Y
S	I	M	P	R	O	V	I	S	A	A	T	I	O	T

ALBUMI
TAITEILIJA
KUULUISA
SÄVELTÄJÄ
KONSERTTI
RUMMUT
SUOSIKIT
LAJI
IMPROVISAATIO
LAULU

MUSIIKKI
PAINOTUS
UUSI
ORKESTERI
VANHA
RYTMI
KOOSTUMUS
TYYLI
KYKY
TEKNIIKKA

94 - Getallen

K	W	N	A	S	K	E	D	H	A	K	V	M	O	E
K	O	D	O	N	E	L	J	Ä	T	O	I	S	T	A
U	O	L	H	L	I	Q	P	J	Z	I	S	K	Y	H
U	A	K	M	N	L	R	O	L	Z	A	K	U	S	K
S	K	B	N	E	E	A	V	E	T	B	A	U	I	A
I	K	Y	Ä	D	T	D	U	N	R	S	K	S	Y	K
D	I	B	M	S	Q	O	V	I	I	S	I	I	H	S
E	I	T	E	M	H	O	I	T	P	O	G	T	D	I
S	T	U	S	V	E	B	Q	S	P	J	Z	O	E	T
I	A	S	T	E	M	N	F	V	T	K	D	I	K	O
M	M	W	I	S	L	T	E	M	P	A	P	S	S	I
A	E	Q	E	P	O	T	U	N	R	S	K	T	Ä	S
A	T	Y	S	K	K	S	K	T	L	N	A	A	N	T
L	A	T	S	I	O	T	I	S	I	I	V	M	W	A
I	M	K	A	K	S	I	K	Y	M	M	E	N	T	Ä

KAHDEKSAN
DESIMAALI
KOLMETOISTA
KOLME
YKSI
YHDEKSÄN
NOLLA
KYMMENEN
KAKSITOISTA
KAKSI
KAKSIKYMMENTÄ
NELJÄTOISTA
NELJÄ
VIISI
VIISITOISTA
MATEMATIIKKA
KUUSI
KUUSITOISTA
SEITSEMÄN

95 - Boerderij #2

J	K	H	N	W	B	E	W	Z	Z	H	W	N	H	V
C	A	I	I	W	H	Q	A	O	G	W	Y	Z	E	I
C	S	M	I	Y	B	T	Y	G	A	W	W	P	D	L
L	T	J	T	H	E	D	E	L	M	Ä	U	N	E	J
A	E	T	T	E	Z	I	S	S	I	A	M	Q	L	E
T	L	S	Y	A	R	R	P	A	I	M	E	N	M	L
O	U	B	A	V	R	O	L	F	U	P	B	M	Ä	I
E	L	Ä	I	M	E	T	Z	O	P	M	O	A	T	J
W	K	F	I	H	M	K	Z	A	A	S	R	I	A	Ä
V	E	H	N	Ä	Q	A	C	R	N	L	Q	T	R	C
P	R	Q	B	N	G	R	L	H	Y	K	A	O	H	C
M	B	H	I	W	E	T	K	O	L	P	K	A	A	Z
M	E	H	I	L	Ä	I	S	P	E	S	Ä	A	M	H
V	I	H	A	N	N	E	S	M	F	H	B	N	G	A
A	O	Q	Z	G	V	N	L	K	A	R	I	T	S	A

MEHILÄISPESÄ
VILJELIJÄ
HEDELMÄTARHA
ELÄIMET
ANKKA
HEDELMÄ
OHRA
VIHANNES
PAIMEN
KASTELU
KARITSA
LAAMA
MAISSI
MAITO
LAMMAS
LATO
VEHNÄ
TRAKTORI
NIITTY

96 - Elektriciteit

H	S	Z	P	I	P	U	H	E	L	I	N	J	V	H
I	V	Ä	T	U	J	Z	B	K	L	B	T	A	A	H
P	B	H	H	K	Y	S	P	N	A	F	E	M	R	H
N	O	M	O	K	K	R	E	V	B	A	L	A	A	U
O	R	U	E	A	Ö	H	K	V	F	Y	E	G	S	A
M	Ä	Ä	R	Ä	U	A	V	L	D	L	V	N	T	Q
Q	M	N	E	L	Q	H	S	L	I	U	I	E	O	K
I	J	O	S	Q	A	Z	E	E	J	O	S	E	I	A
H	N	P	A	I	O	M	N	B	N	Q	I	T	N	A
Z	C	F	L	Q	P	B	P	H	H	T	O	T	T	P
J	O	H	D	O	T	U	J	P	I	I	A	I	I	E
N	O	Q	U	A	W	R	K	E	U	Q	G	J	F	L
G	S	W	C	N	E	N	I	Ö	K	H	Ä	S	A	I
K	S	F	E	A	I	S	A	R	O	T	S	I	P	E
V	F	A	M	C	D	T	E	E	T	T	I	A	L	J

AKKU
LAITTEET
JOHDOT
SÄHKÖASENTAJA
SÄHKÖINEN
MÄÄRÄ
KAAPELI
LAMPPU
LASER
MAGNEETTI
VERKKO
OBJEKTI
VARASTOINTI
PISTORASIA
PUHELIN
TELEVISIO

97 - Zakelijk

L	L	T	N	O	S	R	P	S	S	G	M	K	T	V
M	U	I	E	C	K	I	T	N	Y	Y	M	A	O	A
Y	D	P	T	H	B	Z	J	Q	Z	J	R	U	I	L
Y	T	U	L	O	D	K	I	O	D	M	A	P	M	U
M	O	J	G	Y	U	A	O	A	I	L	H	P	I	U
Ä	R	P	Z	S	K	K	S	J	H	T	A	A	S	T
L	E	Q	V	U	U	S	Y	A	W	Z	U	Y	T	T
Ä	V	J	J	Q	Y	O	A	T	V	E	C	S	O	A
A	L	E	N	N	U	S	L	N	D	Q	D	A	O	P
B	U	D	S	J	E	T	T	A	P	E	A	J	D	O
Y	H	T	I	Ö	T	Y	Ö	N	T	E	K	I	J	Ä
O	B	V	O	I	T	T	O	Ö	K	Q	G	H	O	P
U	R	A	P	E	N	Z	V	Y	E	Z	P	J	U	R
I	U	G	L	Z	H	S	U	T	I	O	H	A	R	N
L	H	A	N	G	J	K	U	S	T	A	N	N	U	S

YHTIÖ
BUDSJETT
VEROT
URA
TALOUS
TEHDAS
RAHOITUS
RAHA
TULO
SIJOITUS
TOIMISTO
ALENNUS
KUSTANNUS
KAUPPA
VALUUTTA
MYYNTI
TYÖNANTAJA
TYÖNTEKIJÄ
MYYMÄLÄ
VOITTO

98 - Voeding

E	Z	S	U	T	A	L	U	S	N	A	O	U	R	P
K	A	R	B	O	H	Y	D	R	A	T	E	R	U	R
V	I	T	A	M	I	I	N	I	R	D	K	B	O	O
A	H	M	K	I	L	V	E	T	B	D	I	P	K	T
J	T	Z	S	E	S	M	N	L	L	L	T	A	A	E
C	E	B	G	J	R	A	I	N	P	R	S	I	H	I
T	E	R	V	E	S	K	O	E	E	B	A	N	A	I
L	P	M	O	I	Y	U	N	N	K	S	K	O	L	N
K	A	L	D	P	Ö	G	I	I	G	A	T	N	U	I
A	R	A	Z	C	T	K	A	M	A	W	L	E	O	W
T	G	N	T	S	Ä	D	P	Y	J	P	J	O	E	R
K	G	R	G	U	V	C	A	Ä	Z	B	I	Y	R	T
E	Y	H	Y	D	Ä	R	S	K	N	A	I	N	E	I
R	M	Y	T	O	I	L	A	V	A	K	O	U	R	T
A	M	Y	R	K	K	Y	T	T	E	R	V	E	Y	S

KATKERA
KALORI
RUOKAVALIO
SYÖTÄVÄ
RUOKAHALU
PROTEIINI
TASAPAINOINEN
KÄYMINEN
PAINO
TERVE
TERVEYS
KARBOHYDRATER
LAATU
KASTIKE
MAKU
RUOANSULATUS
MYRKKY
VITAMIINI
NESTEET

99 - Chemie

A	C	L	S	A	R	J	S	M	C	K	K	L	M	E
Y	N	L	Q	S	O	S	U	O	L	A	O	L	K	L
R	P	K	W	E	T	H	W	Z	I	H	L	Ä	E	E
F	Y	T	M	N	A	O	Q	U	A	A	Ä	M	N	K
R	P	I	B	S	S	E	J	A	N	P	M	P	T	T
M	O	L	E	K	Y	Y	L	I	T	P	P	Ö	S	R
N	I	L	C	J	L	K	O	M	L	I	Ö	I	Y	O
Y	T	A	D	S	A	Z	P	J	H	I	T	I	Y	N
L	K	T	U	W	T	U	P	A	T	E	I	H	M	I
C	A	E	S	E	A	I	A	Y	I	L	L	H	I	I
G	E	M	A	S	K	A	H	P	V	N	A	F	N	O
O	R	G	A	A	N	I	N	E	N	E	O	O	E	N
E	M	Ä	K	S	I	N	E	N	R	N	T	D	S	I
K	L	O	O	R	I	E	R	Y	T	D	H	Y	T	U
E	R	V	O	D	L	G	D	J	Z	E	R	S	E	W

EMÄKSINEN
KLOORI
ELEKTRONI
ENTSYYMI
KAASU
PAINO
IONI
KATALYSATOR
HIILI
METALLIT
MOLEKYYLI
ORGAANINEN
REAKTIO
LÄMPÖTILA
NESTE
LÄMPÖ
VETY
SUOLA
HAPPO
HAPPI

1 - Metingen

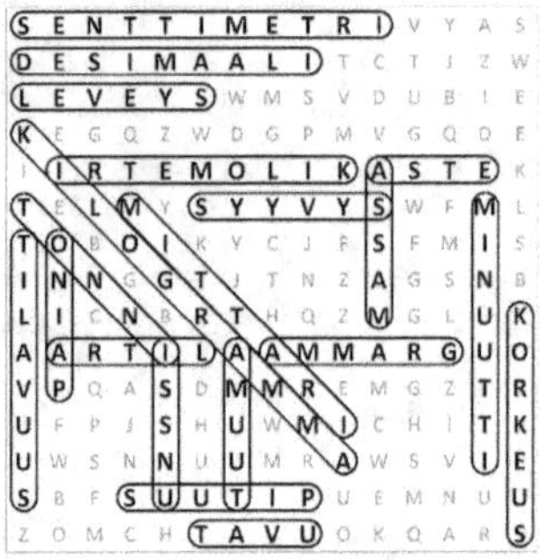

2 - Keuken

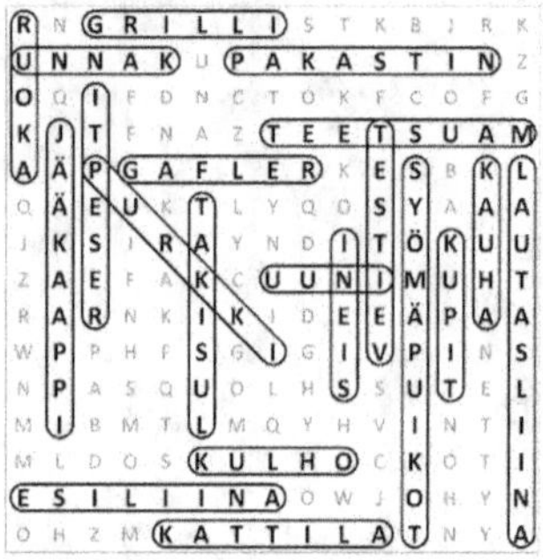

3 - Boten

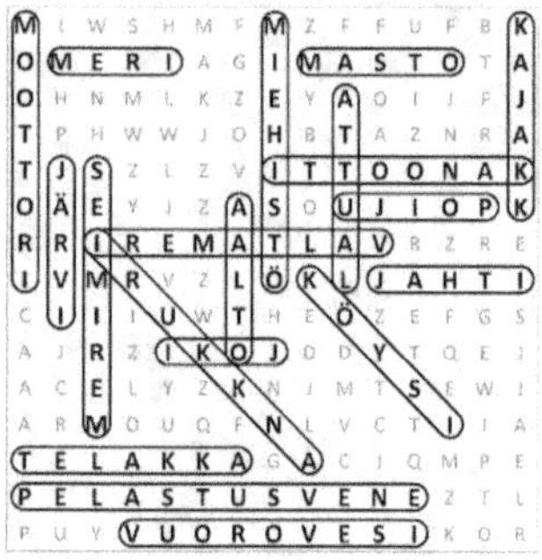

4 - Chocolade

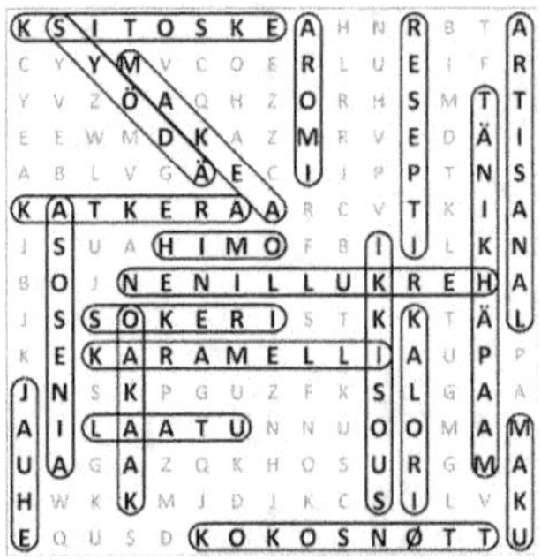

5 - Gezondheid en Welzijn #2

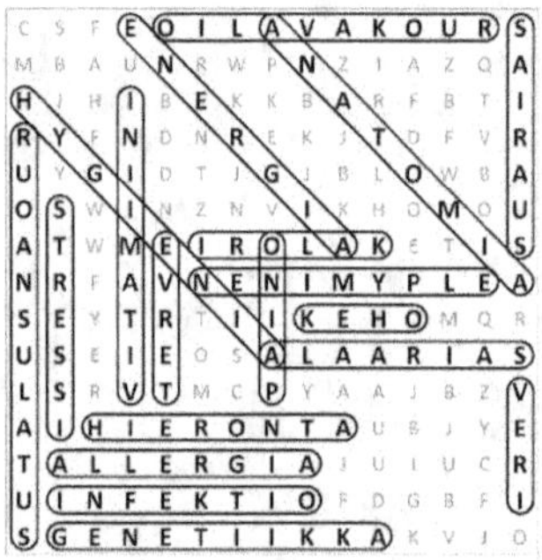

6 - Tijd

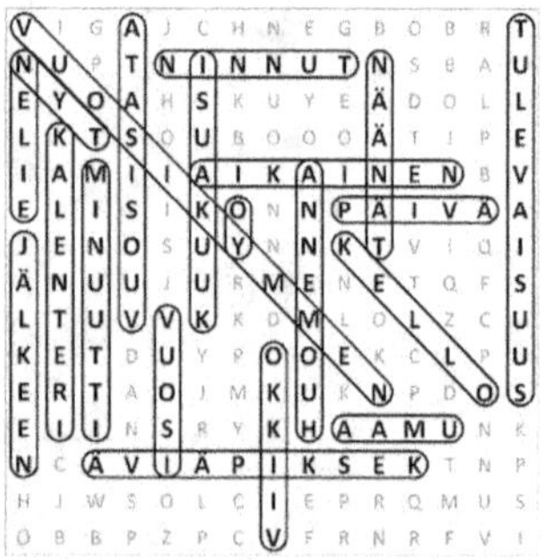

7 - Meditatie

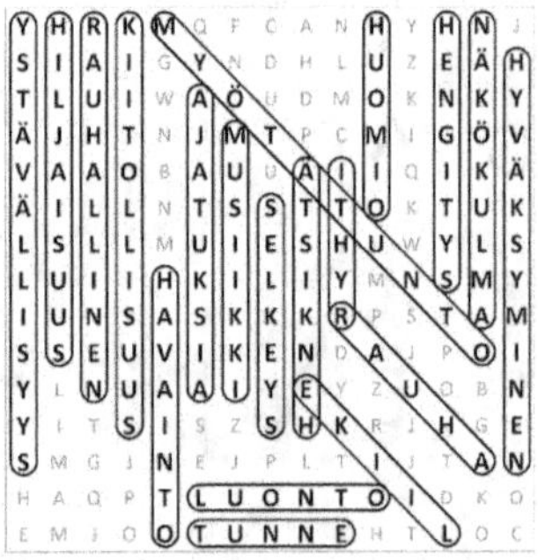

8 - Muziek

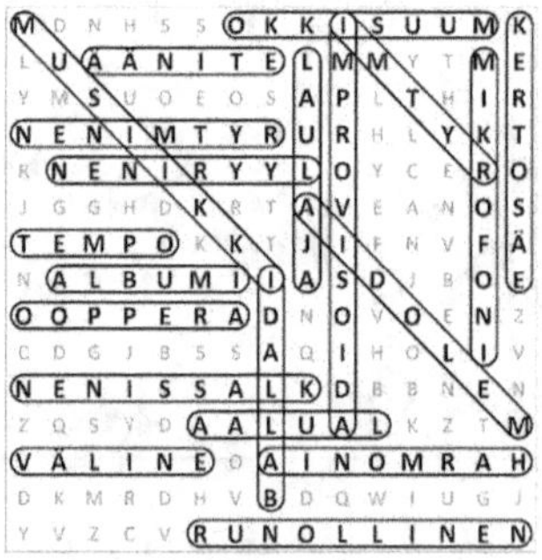

9 - Vogels

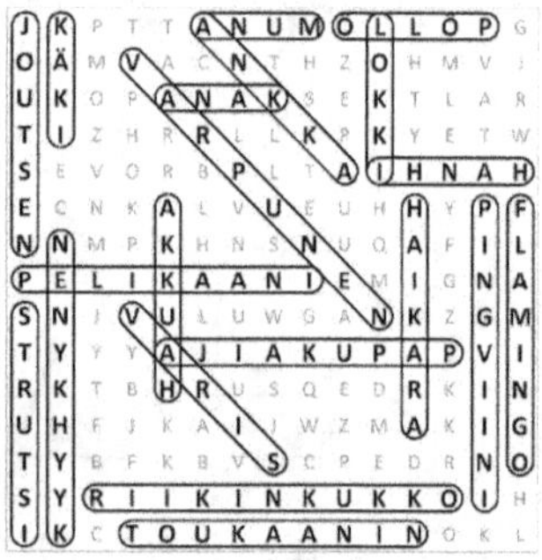

10 - Behoud

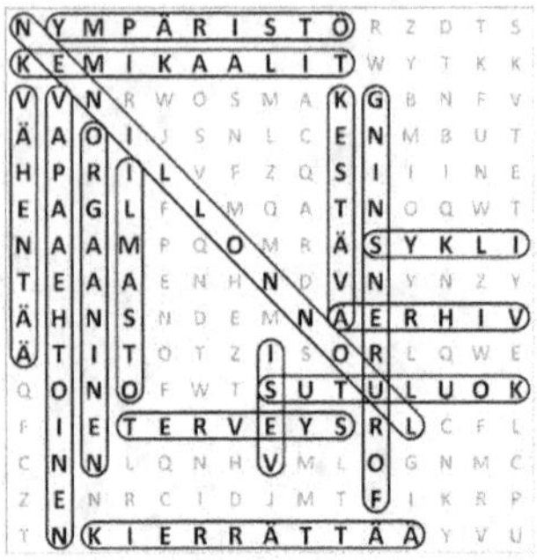

11 - Universum

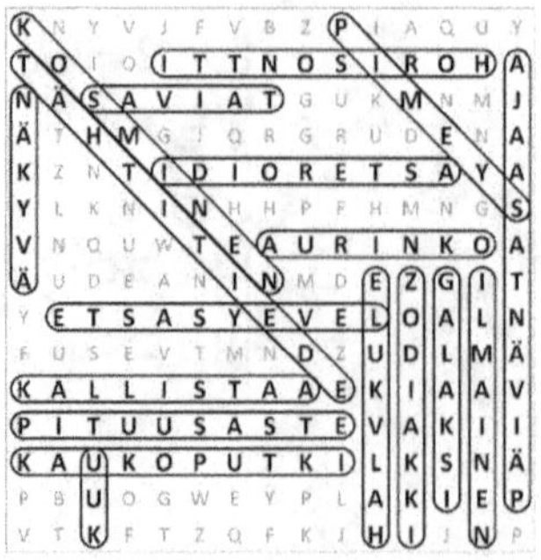

12 - Wiskunde

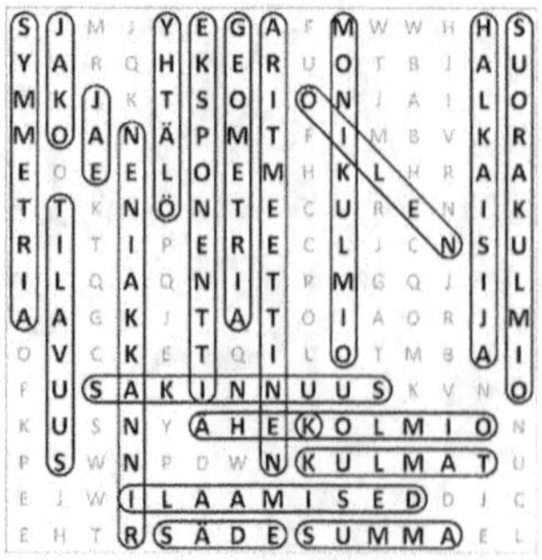

13 - Gezondheid en Welzijn #1

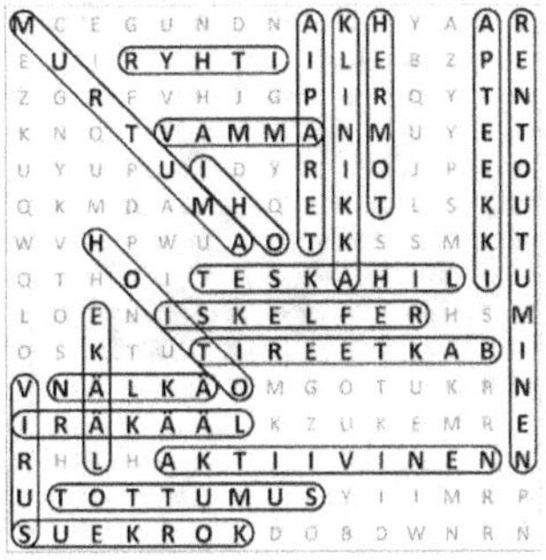

14 - Camping

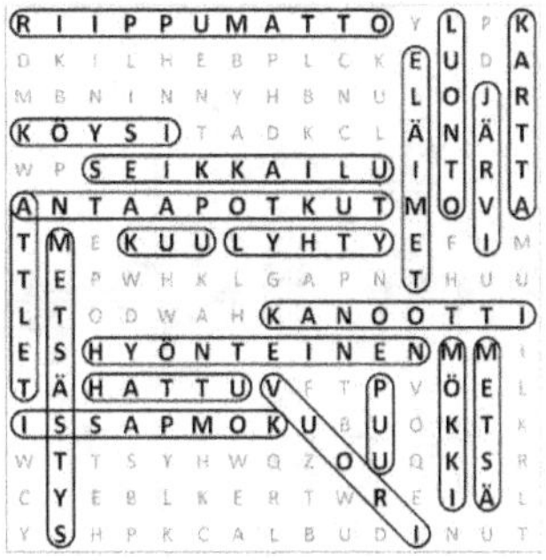

15 - Algebra

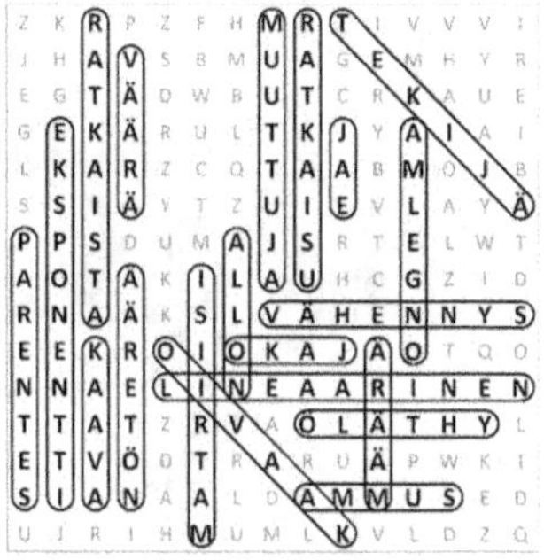

16 - Activiteiten

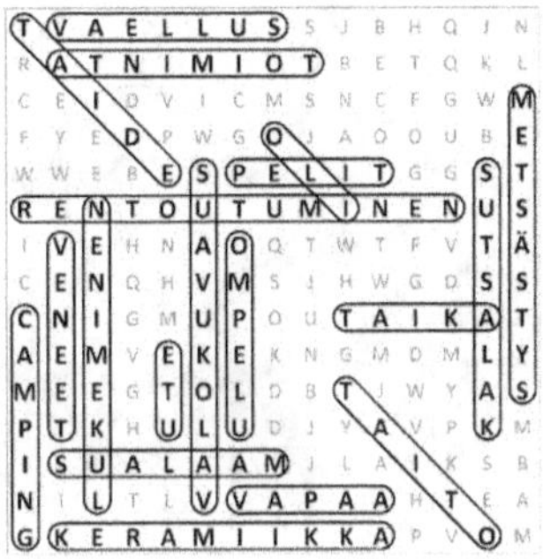

17 - Diplomatie

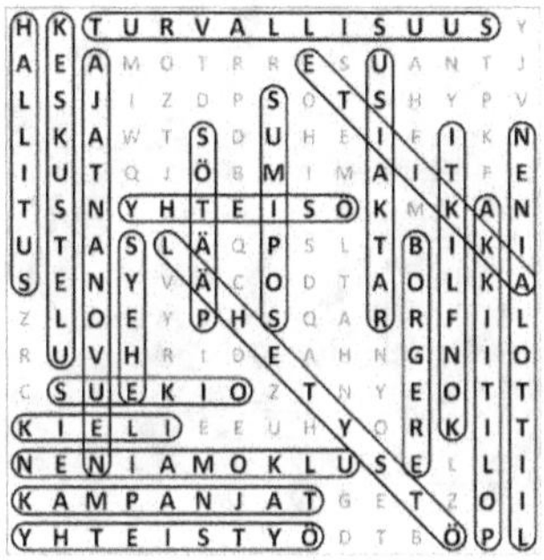

18 - Astronomie

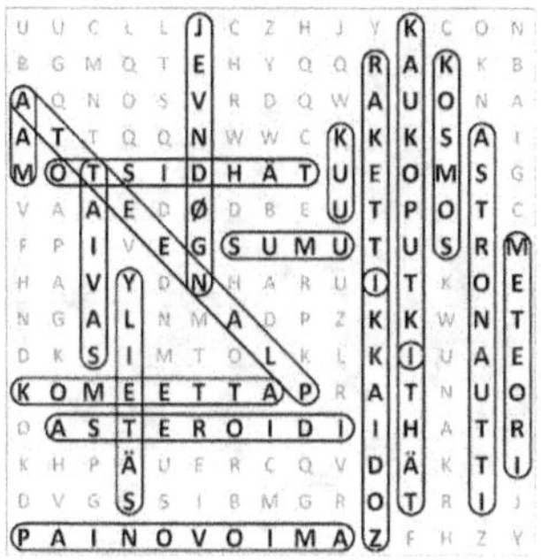

19 - Emoties

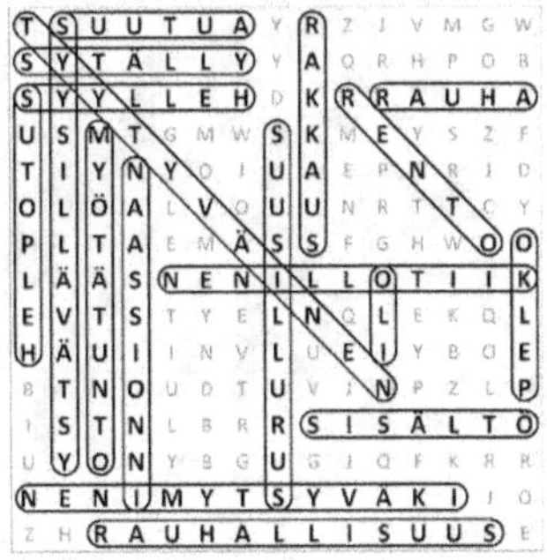

20 - Vakantie #2

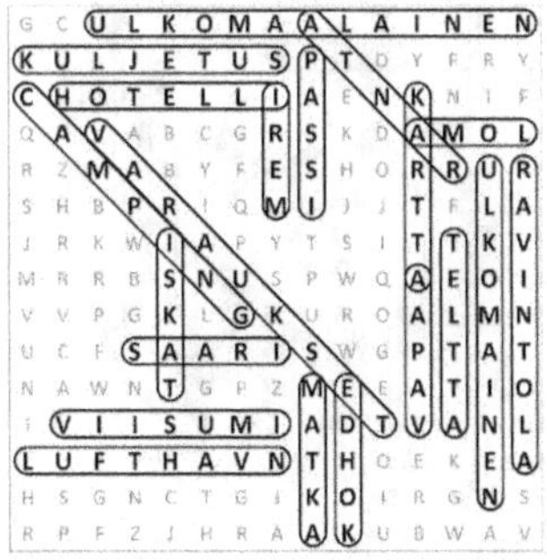

21 - Weersomstandigh

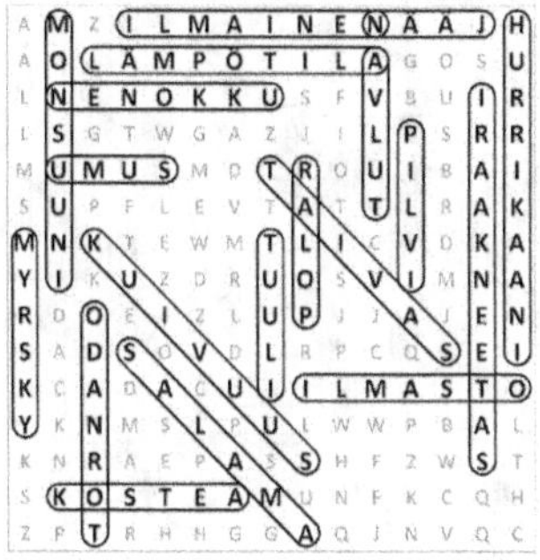

22 - Eten #2

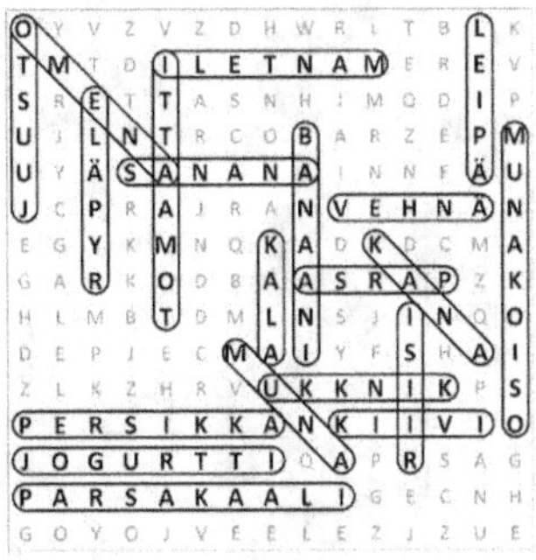

23 - Klimmen

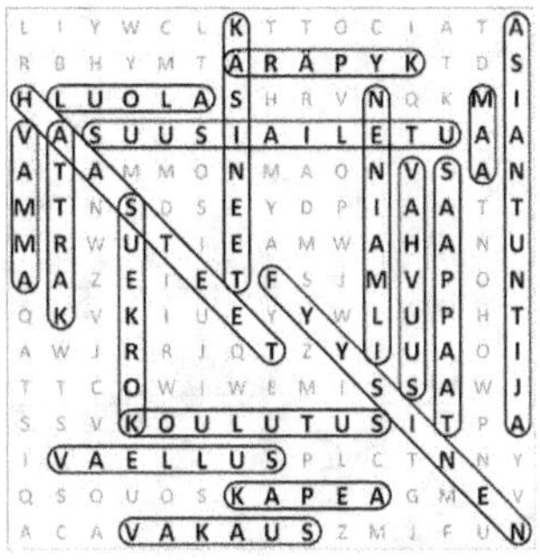

24 - Restaurant #1

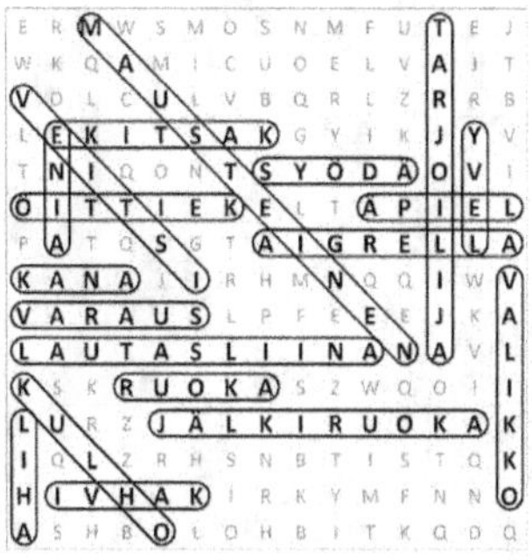

25 - Geologie

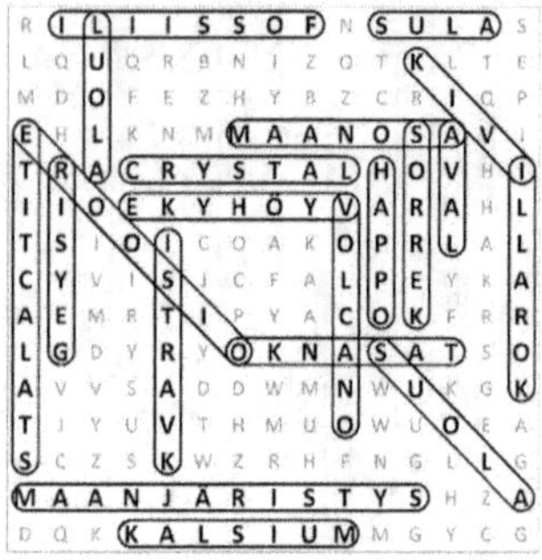

26 - Specerijen

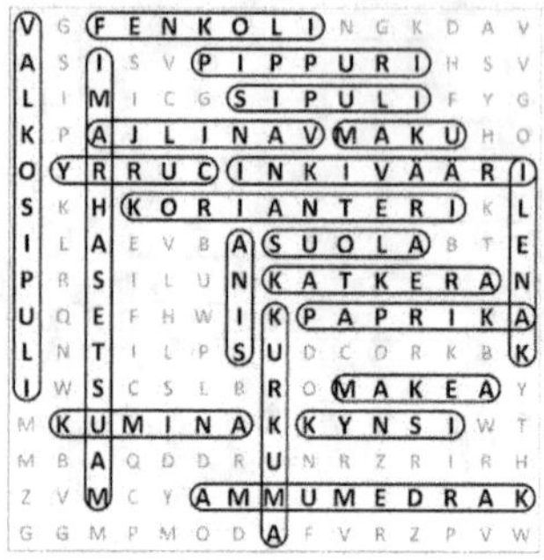

27 - Groenten

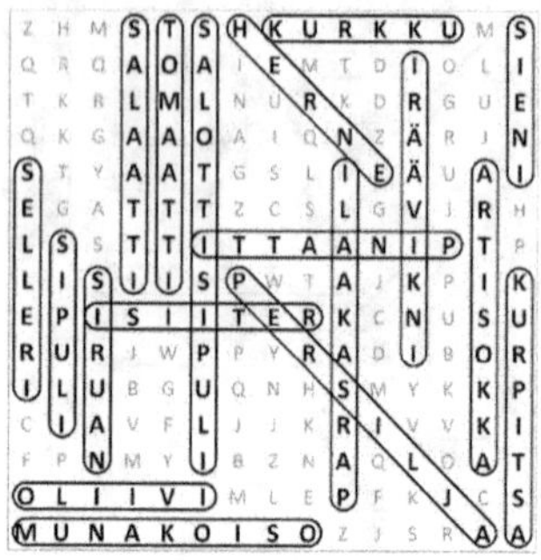

28 - Archeologie

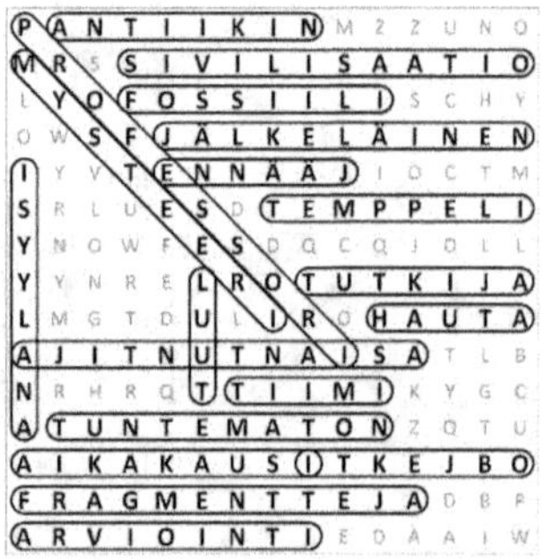

29 - Ziekte

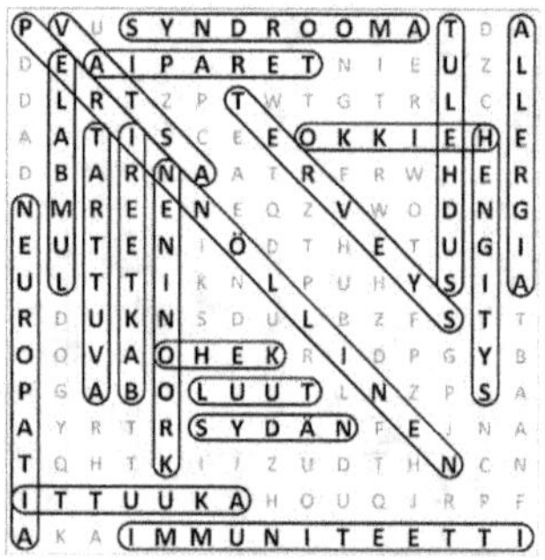

30 - Immigratie

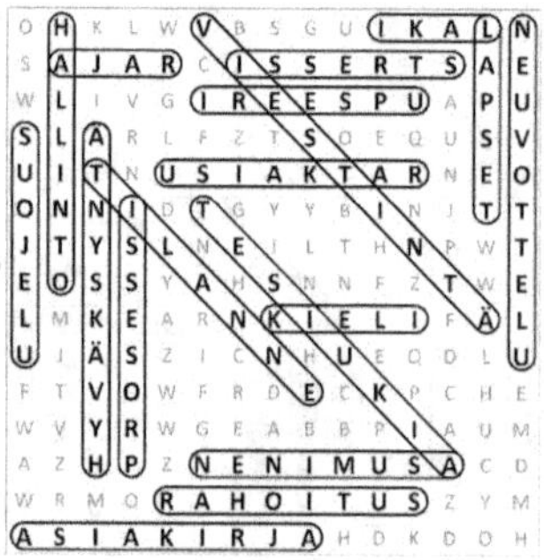

31 - Mythologie

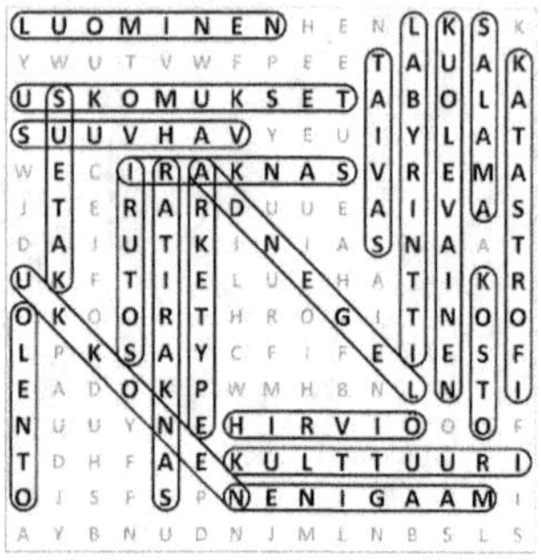

32 - Eten #1

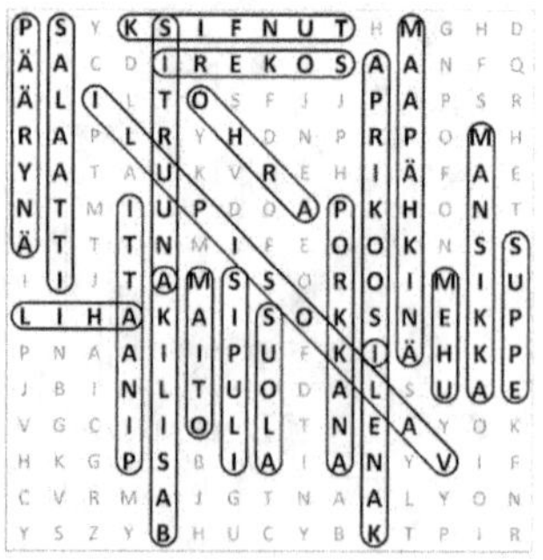

33 - Avontuur

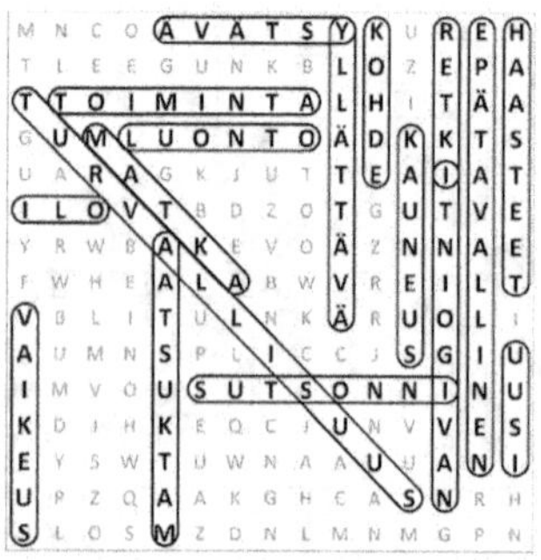

34 - Restaurant #2

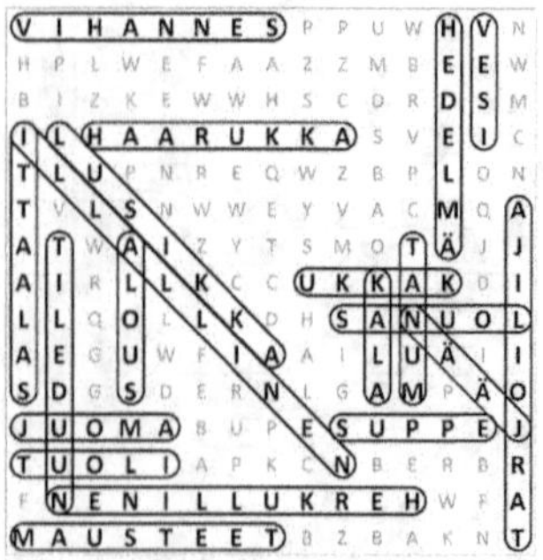

35 - De Media

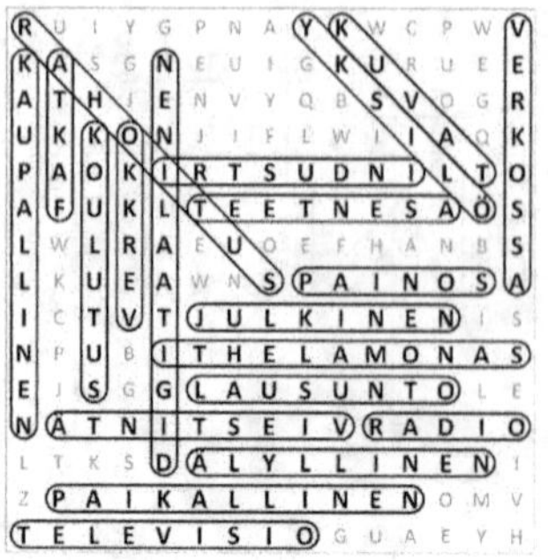

36 - Bijen

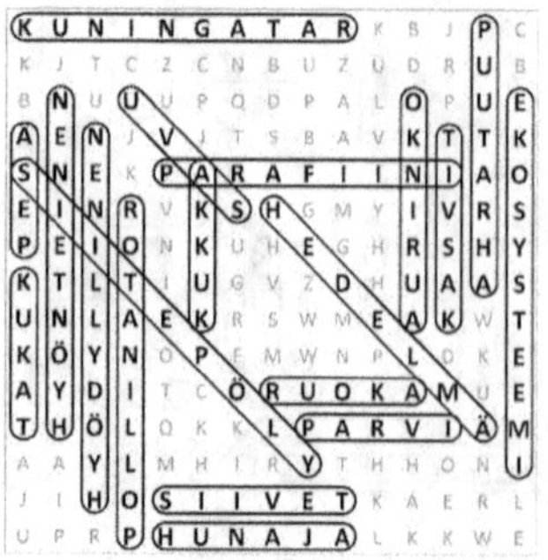

37 - Wandelen

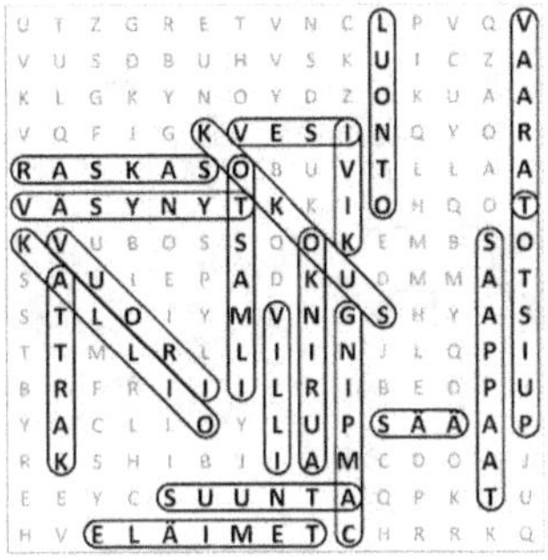

38 - Biologie

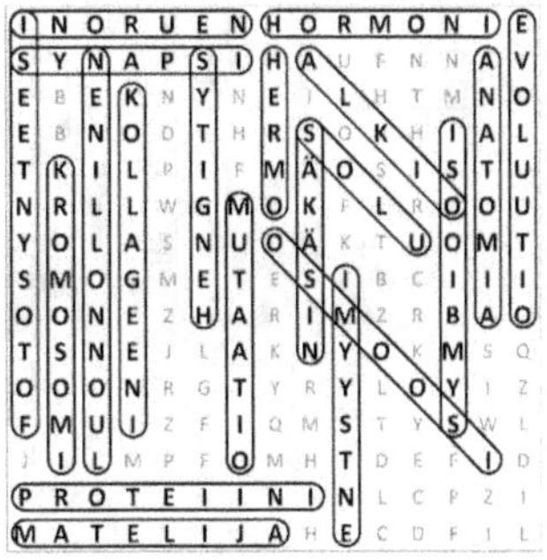

39 - Landen #1

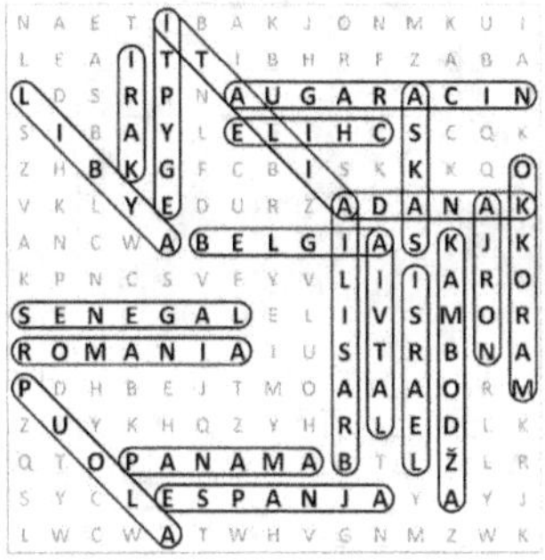

40 - Installaties

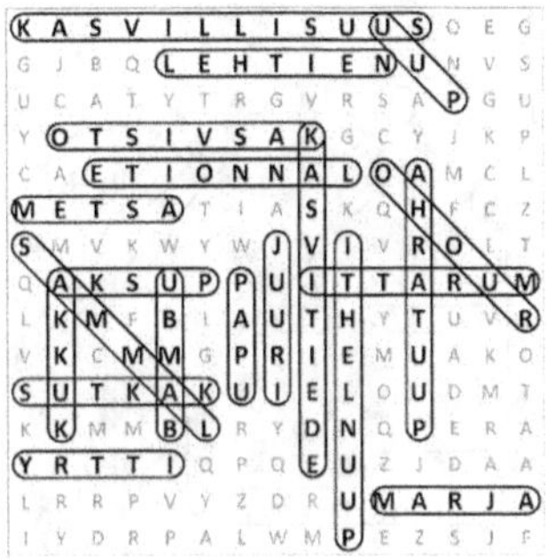

41 - Agronomie

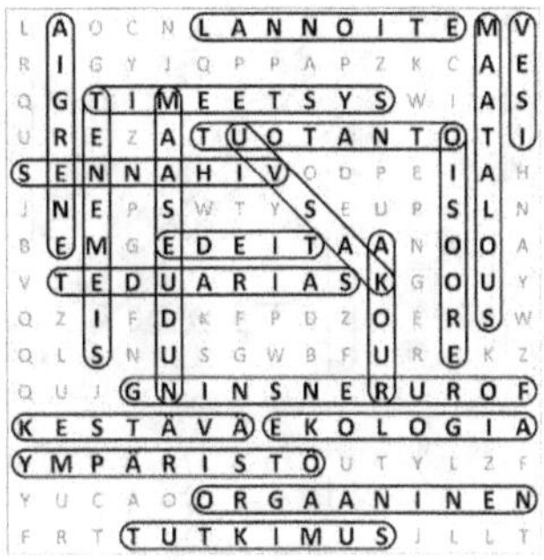

42 - Oceaan

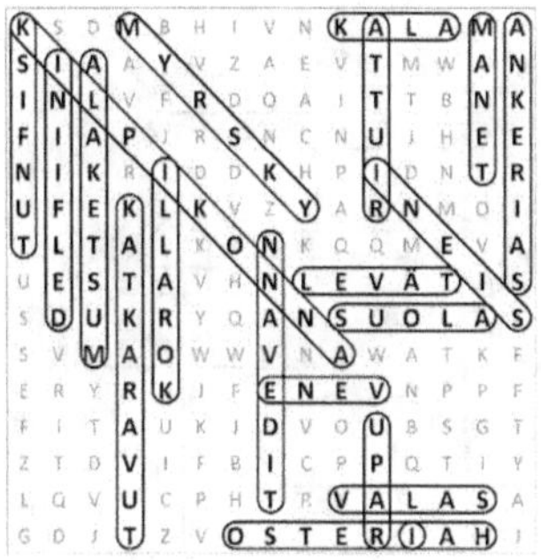

43 - Landen #2

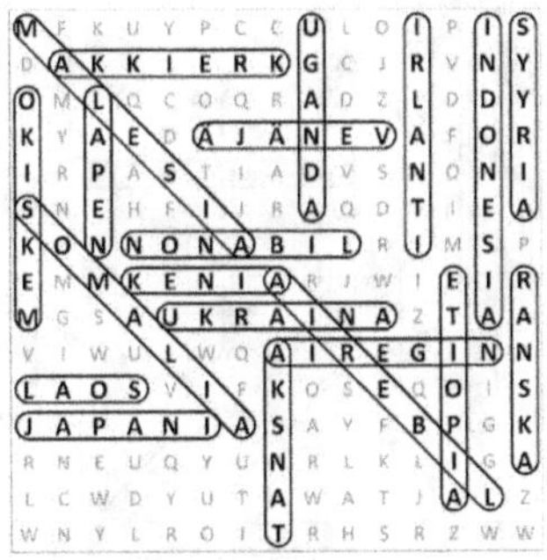

44 - Bloemen

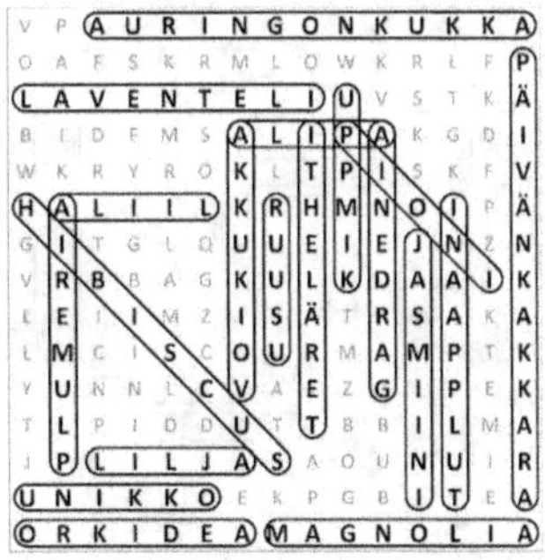

45 - Landschappen

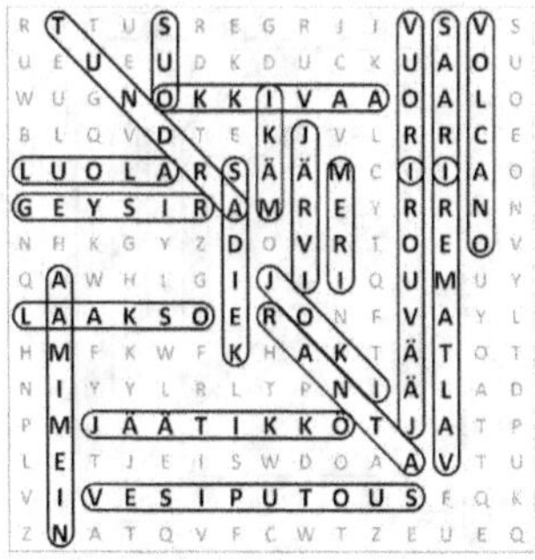

46 - Tuin

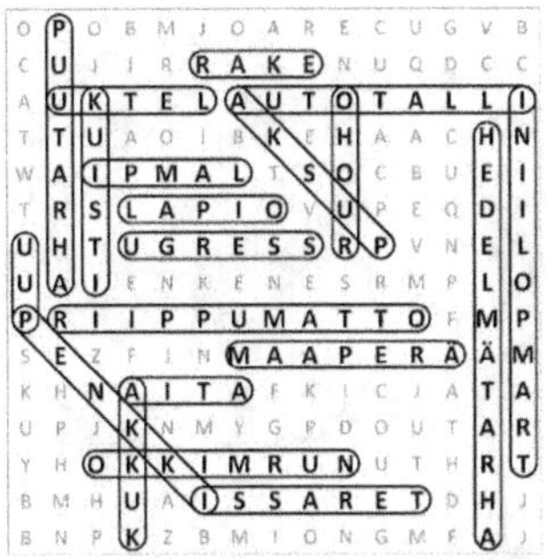

47 - Beroepen #2

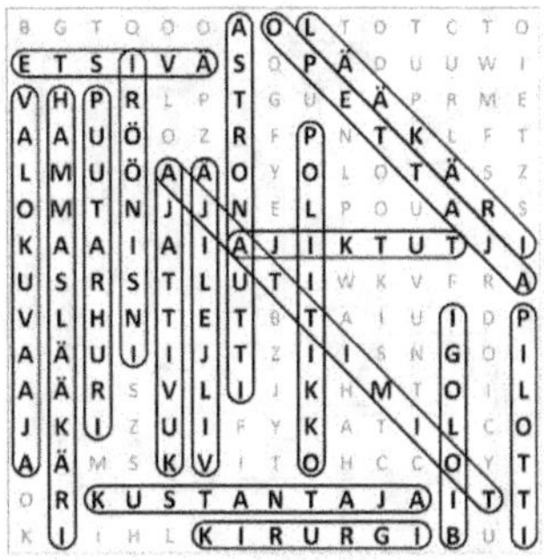

48 - Dagen en Maanden

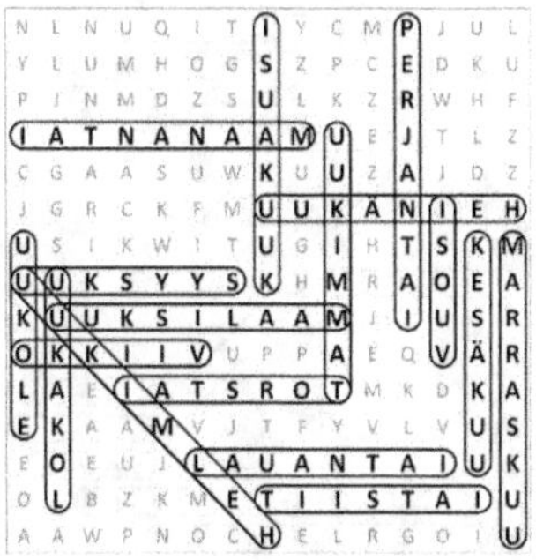

49 - Beeldende Kunsten

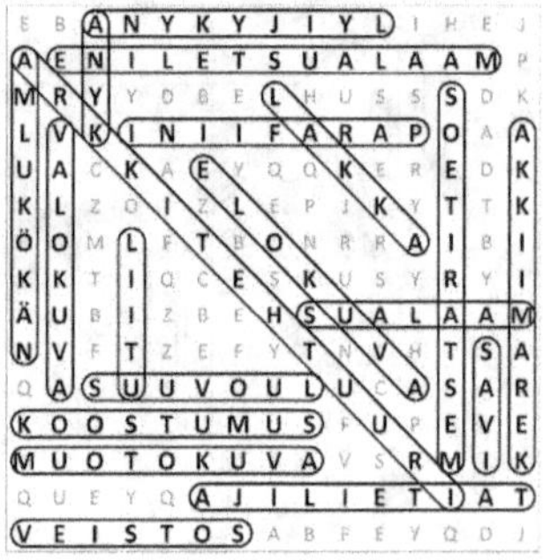

50 - Mode

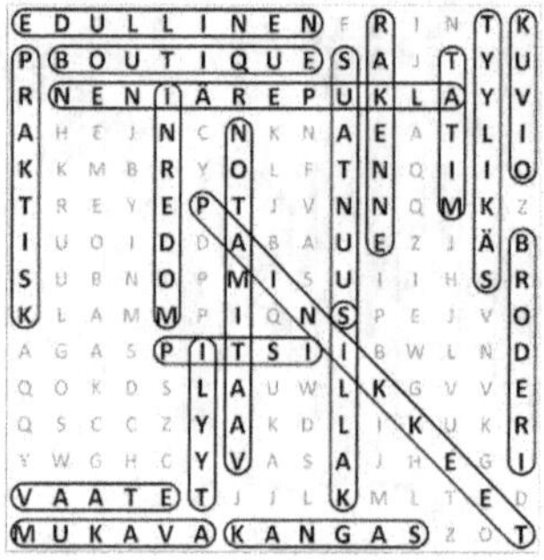

51 - Menselijk Lichaam

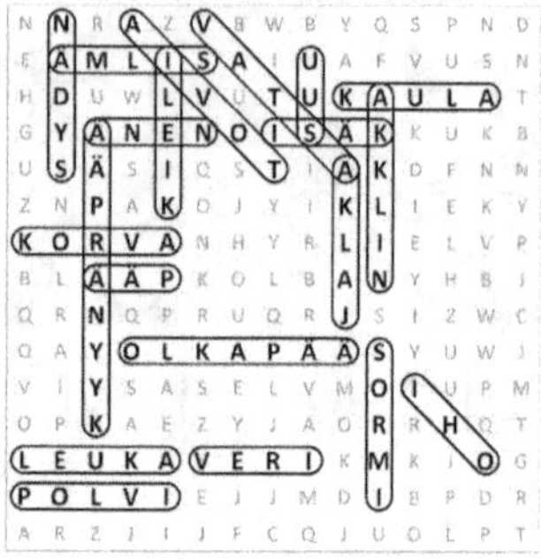

52 - Energie

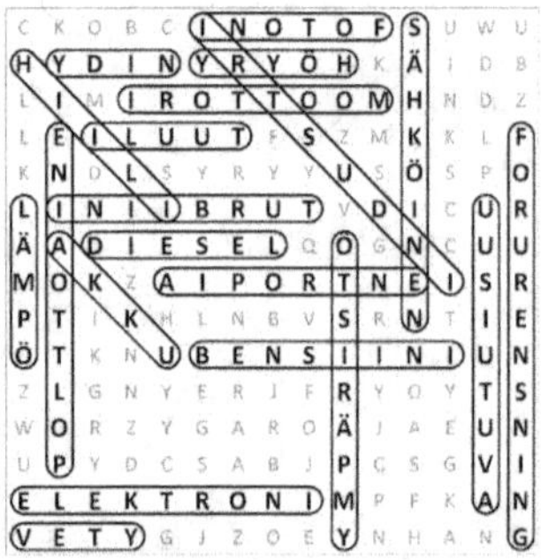

53 - Familie

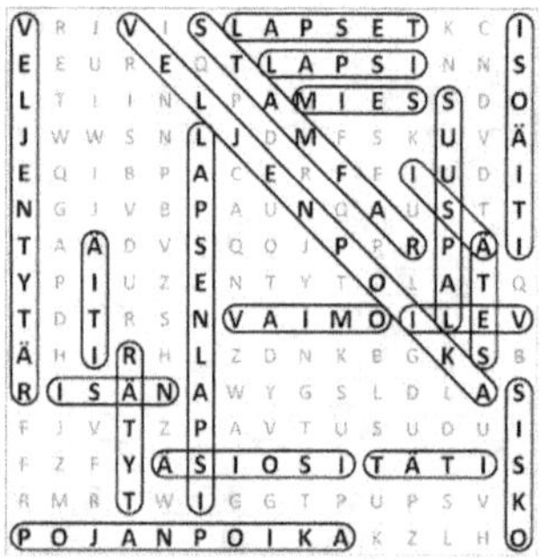

54 - Gebouwen

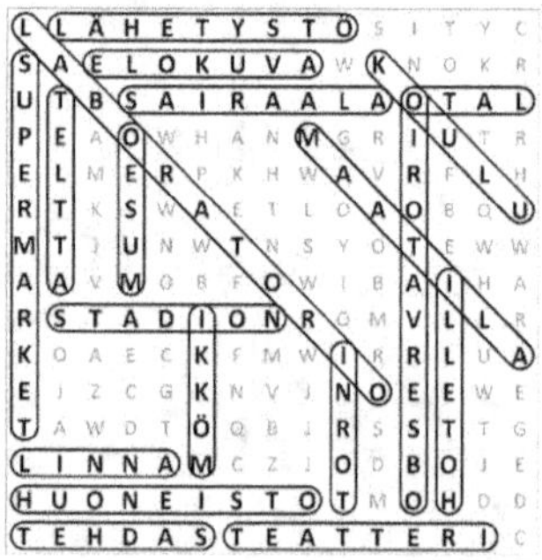

55 - Beroepen #1

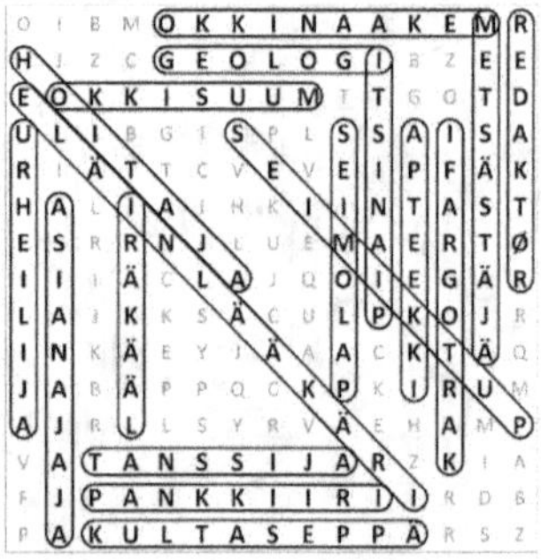

56 - Antarctica

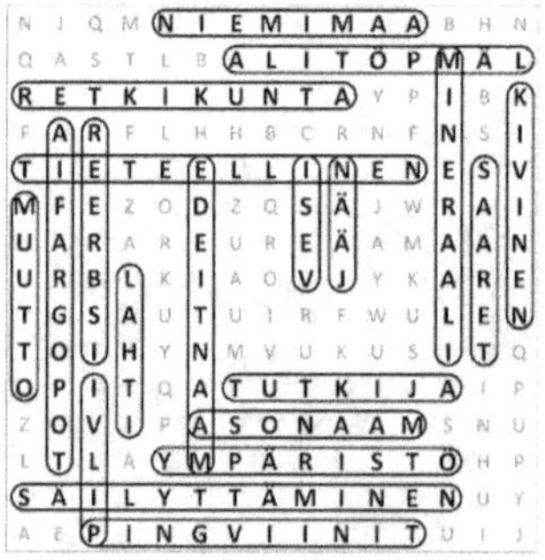

57 - Ballet

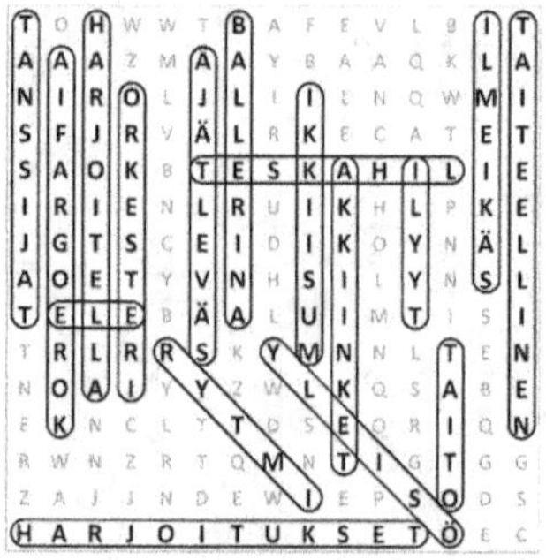

58 - Fruit

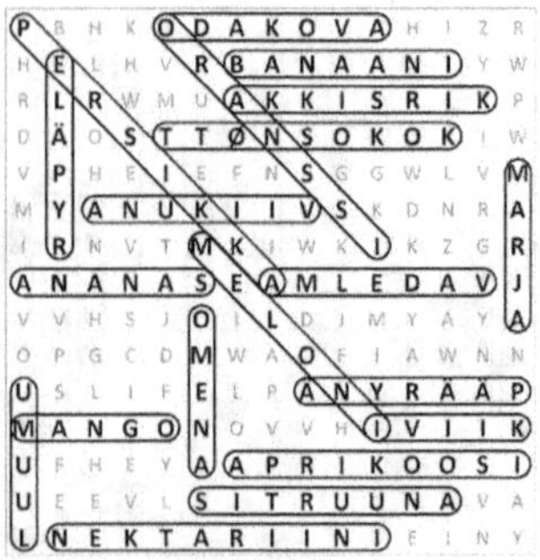

59 - Engineering

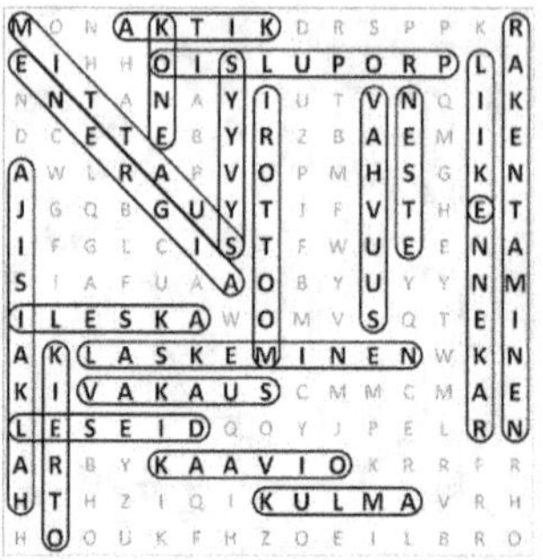

60 - Literatuur

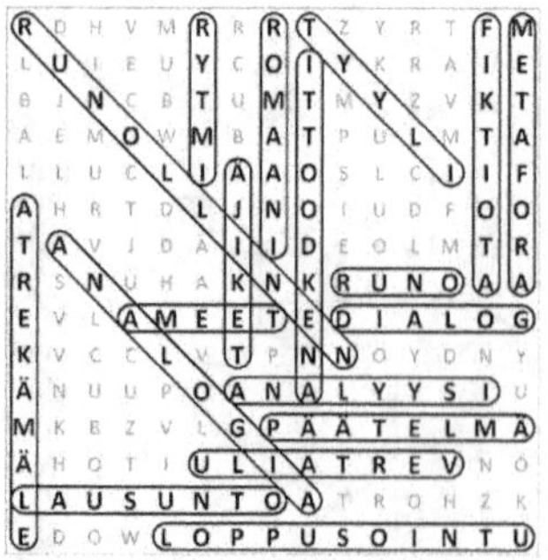

61 - Technologie

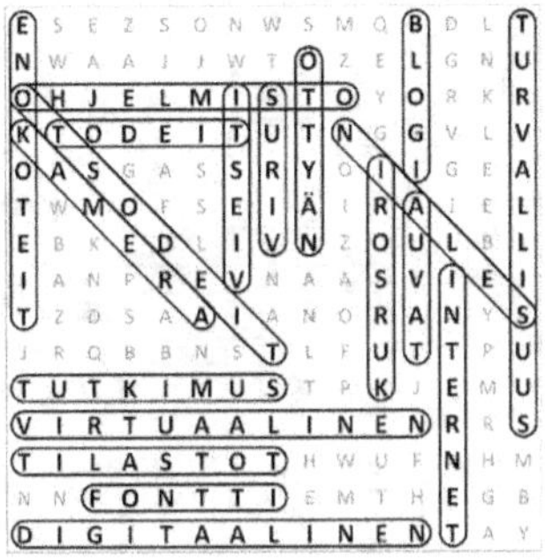

62 - Boeken

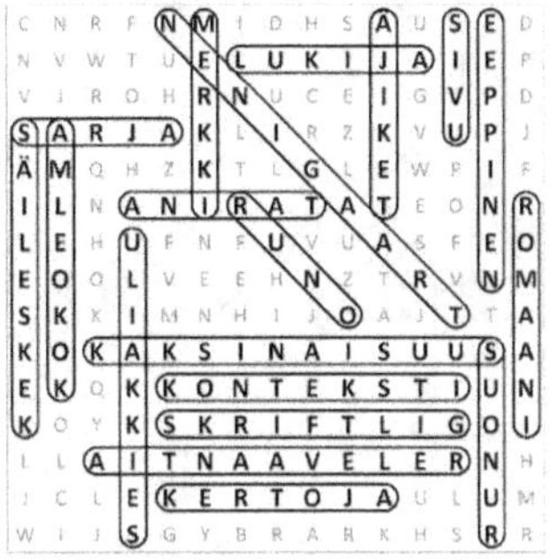

63 - Meer Informatie

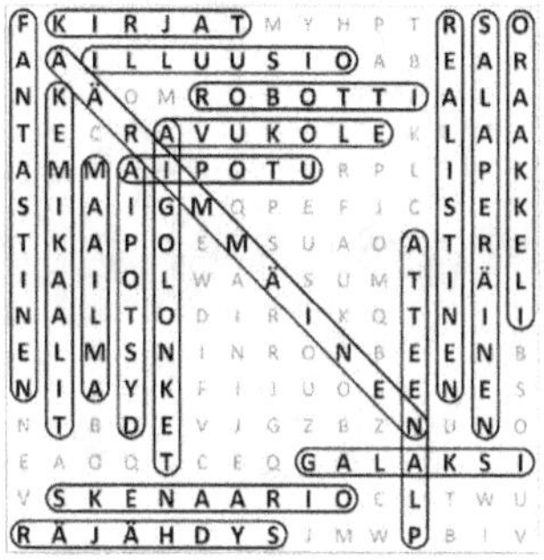

64 - Haartypes

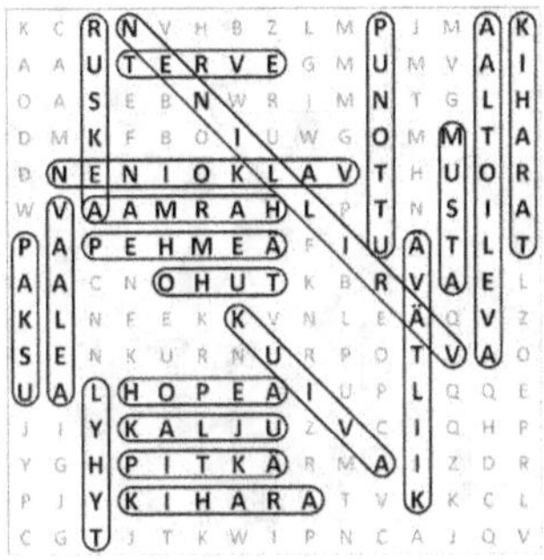

65 - Stad

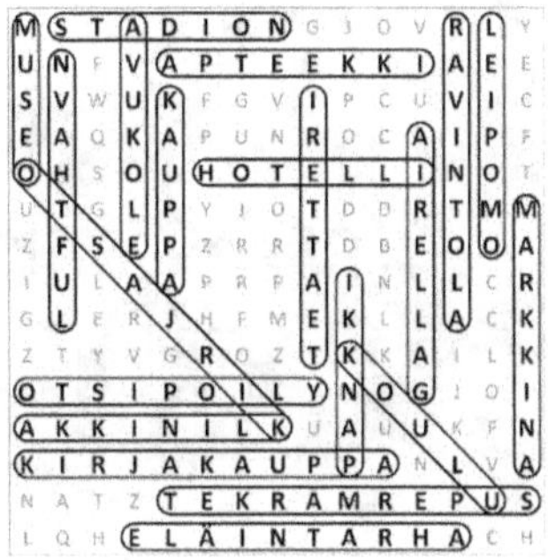

66 - Creativiteit

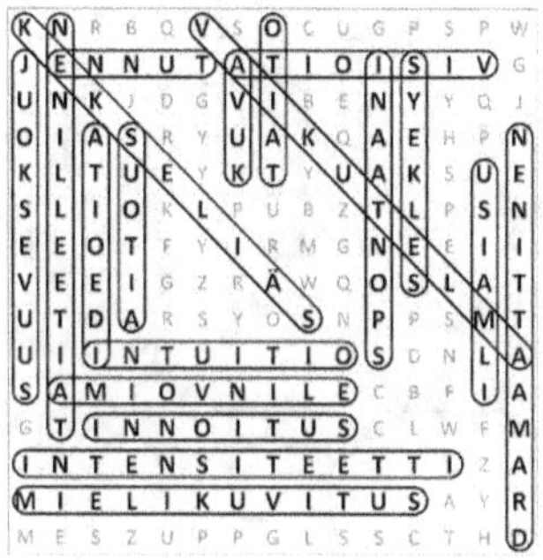

67 - Natuur

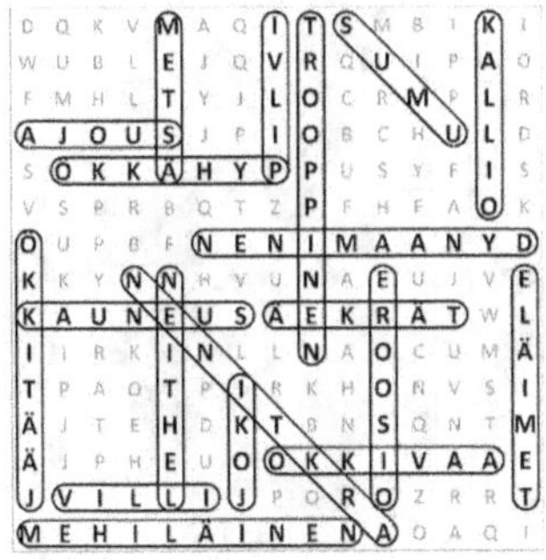

68 - Zoogdieren

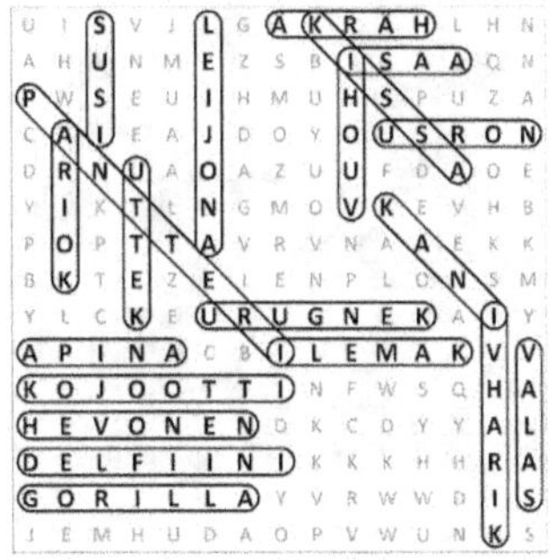

69 - Overheid

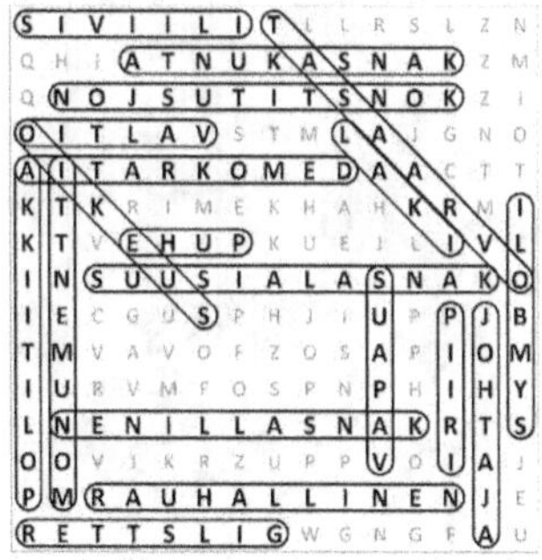

70 - Voertuigen

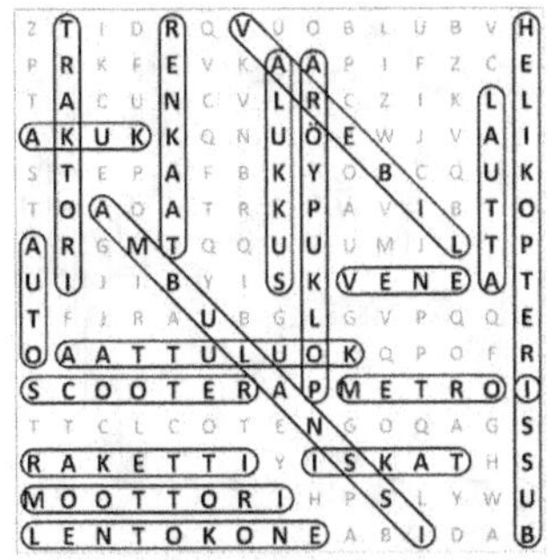

71 - Geografie

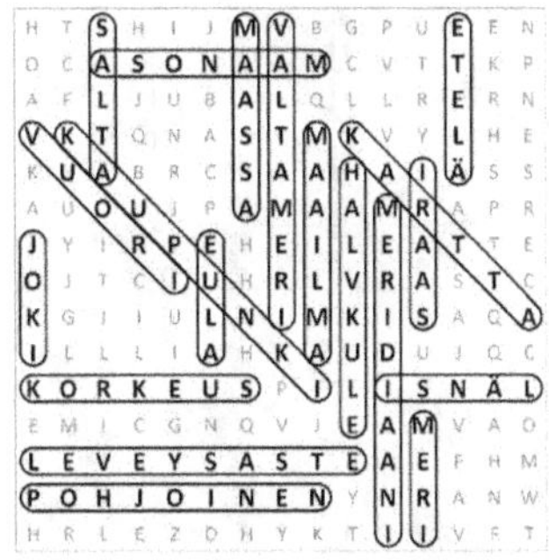

72 - Kunstbenodigdhe

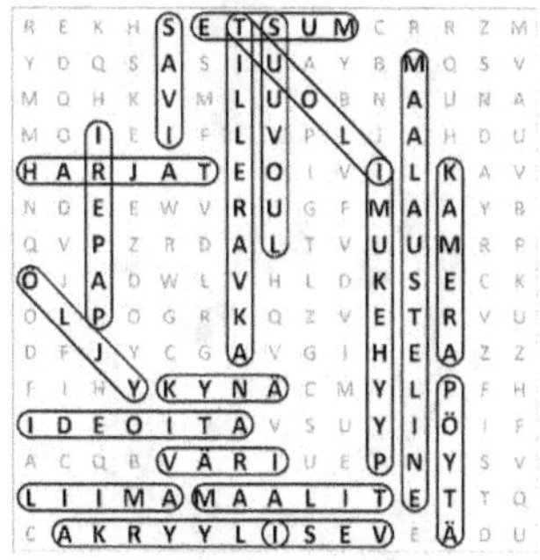

73 - Barbecues

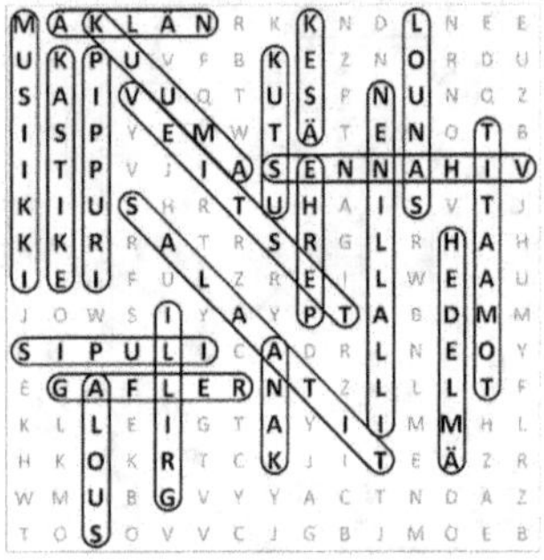

74 - Schoonheid

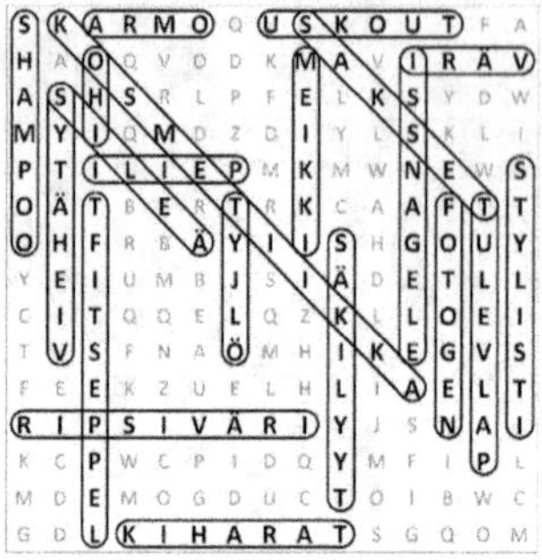

75 - Wetenschappelijk

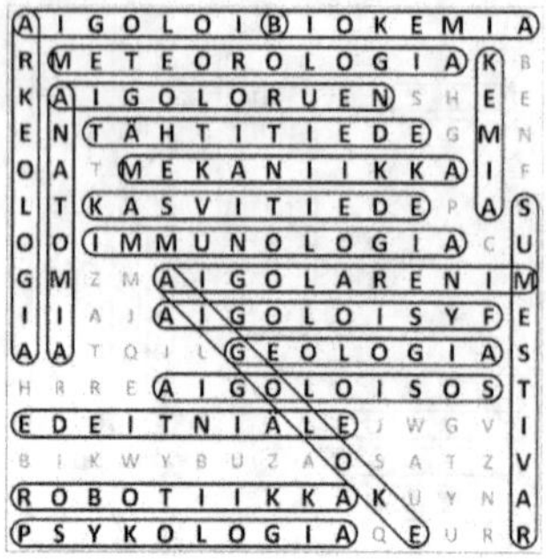

76 - Bijvoeglijke Naamwoorden

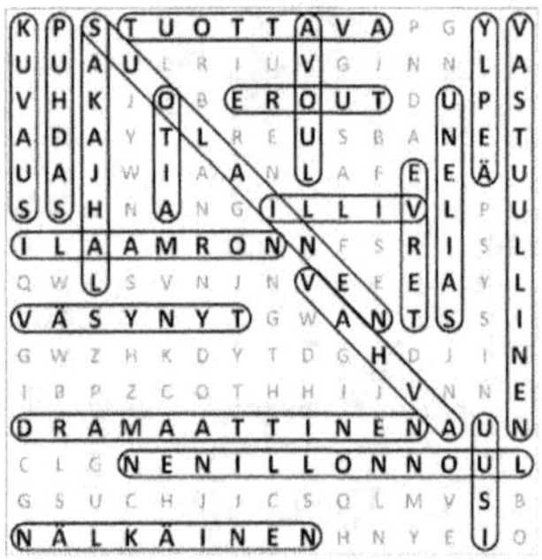

77 - Kleding

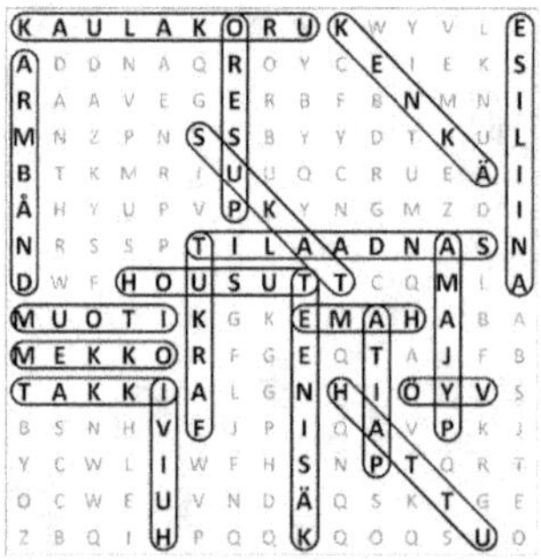

78 - Vliegtuigen

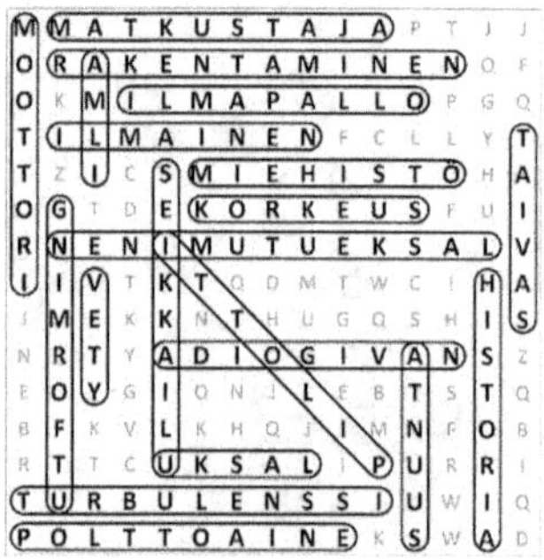

79 - Herbalisme

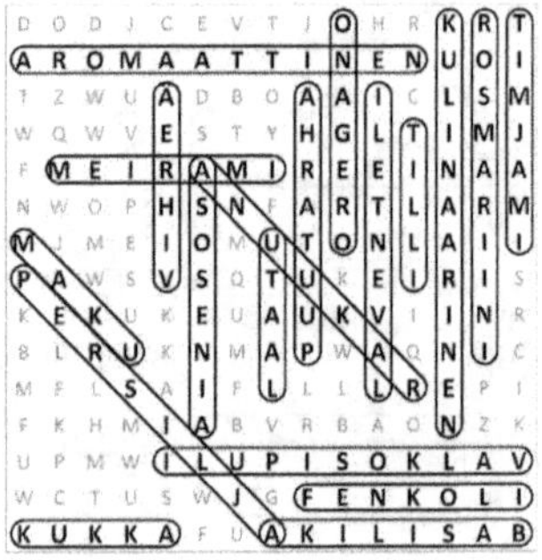

80 - Kracht en Zwaartekracht

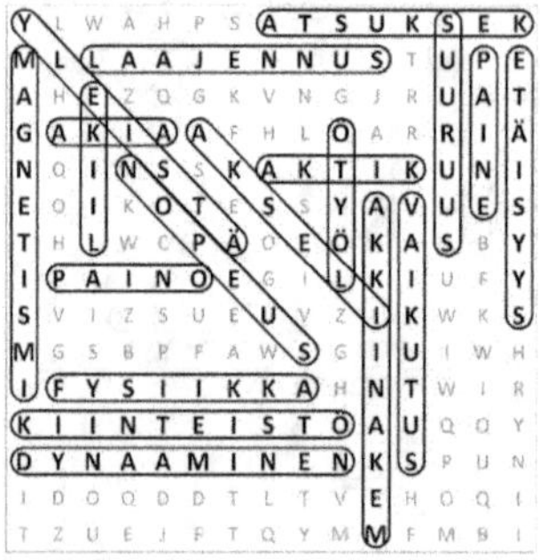

81 - Rijden

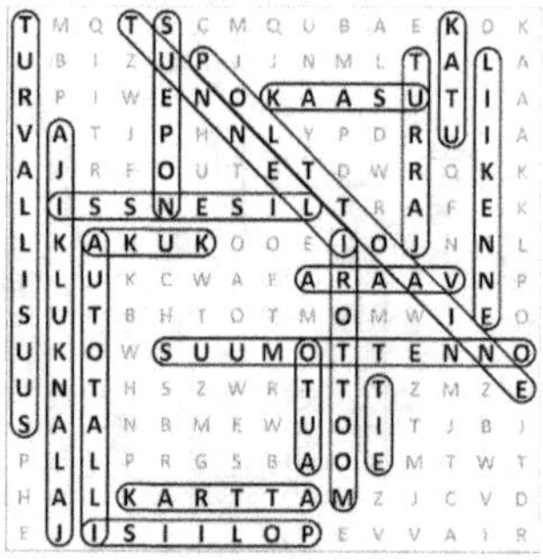

82 - Wetenschap

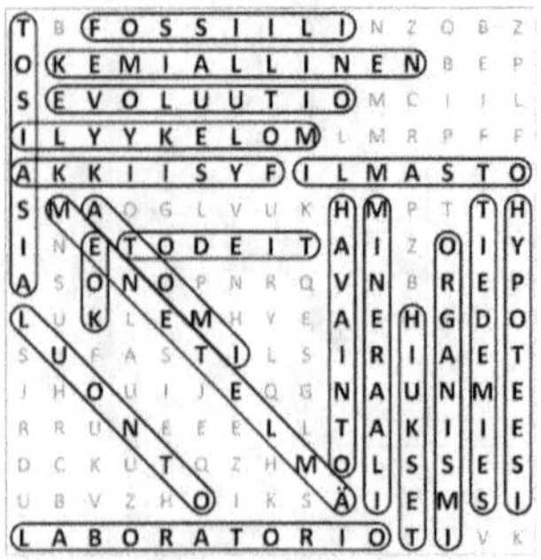

83 - Natuurkunde

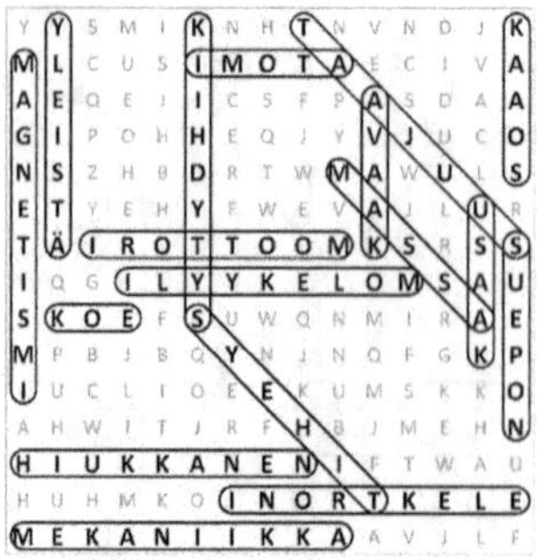

84 - Muziekinstrument

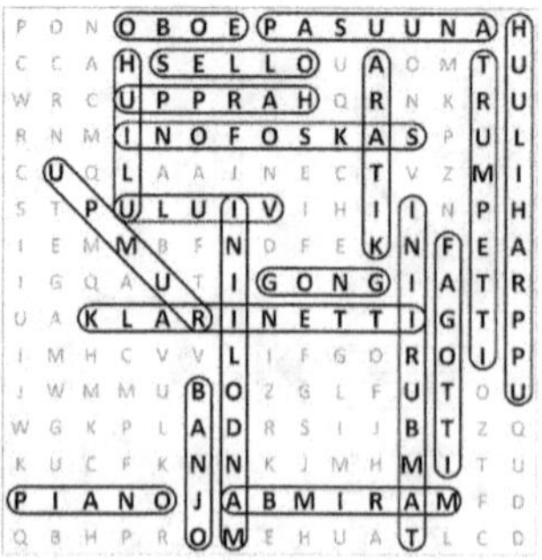

85 - Antiek

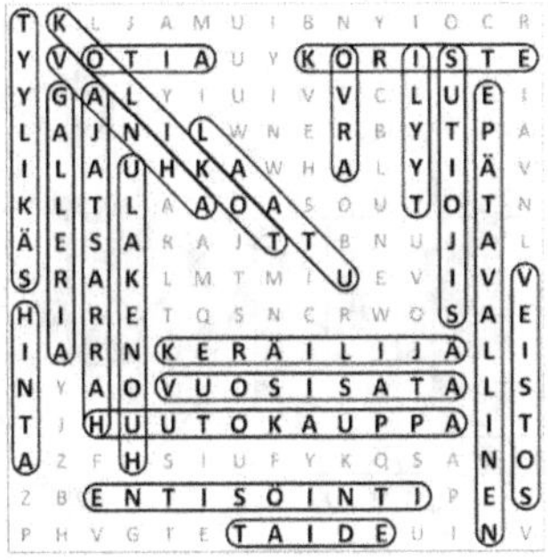

86 - Activiteiten en Vrije Ti

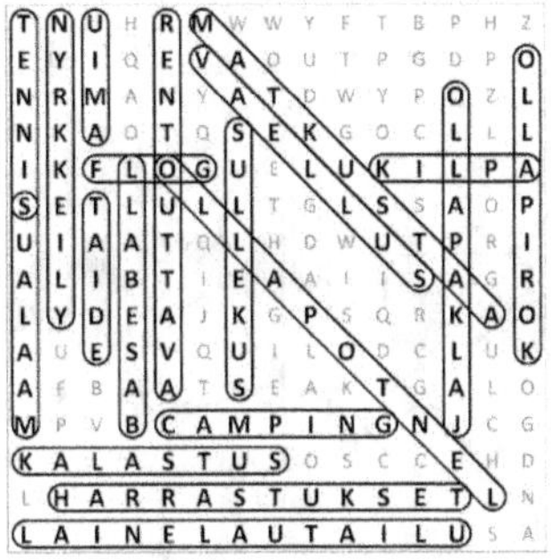

87 - Water

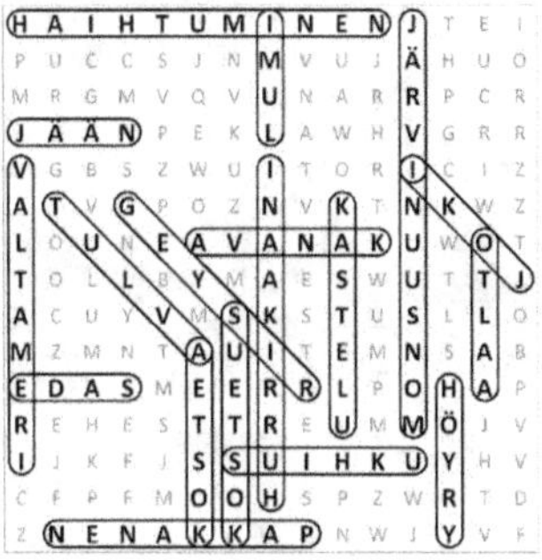

88 - Koffie

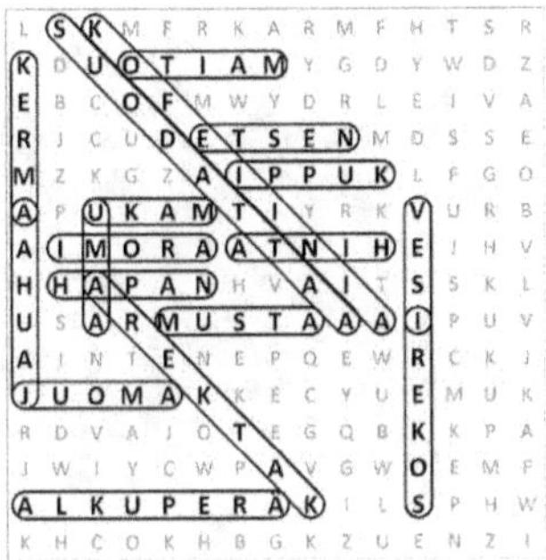

89 - Schaken

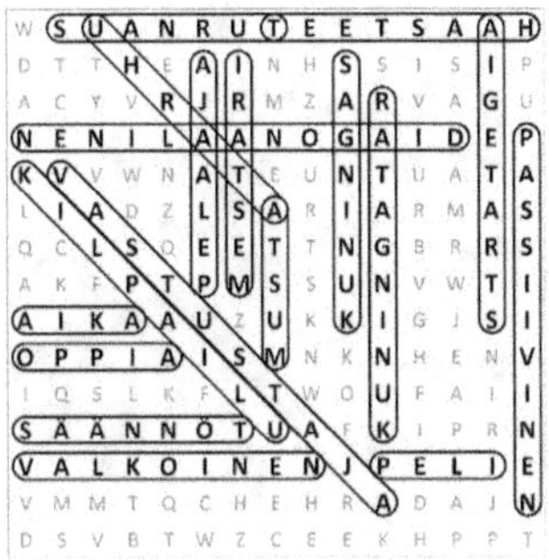

90 - Boerderij #1

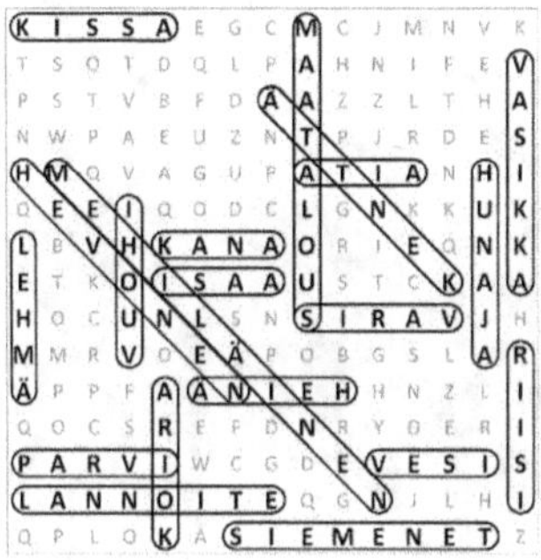

91 - Huis

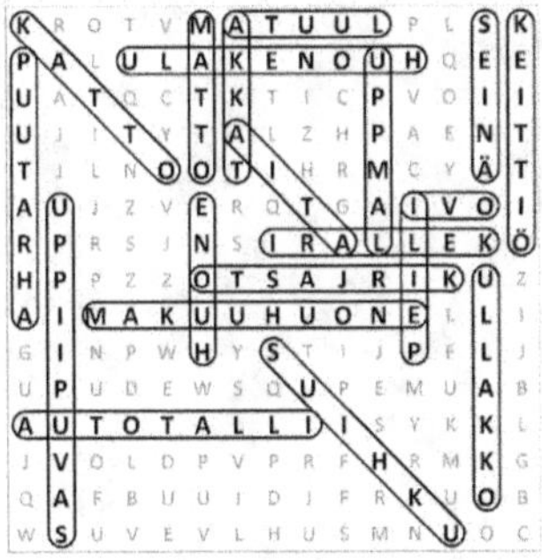

92 - Geometrie

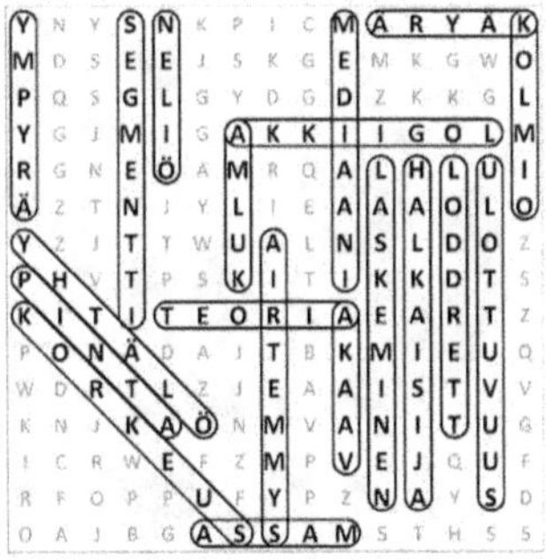

93 - Jazz

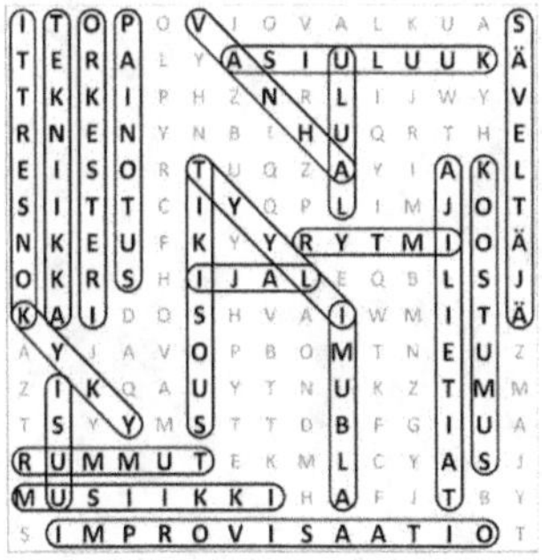

94 - Getallen

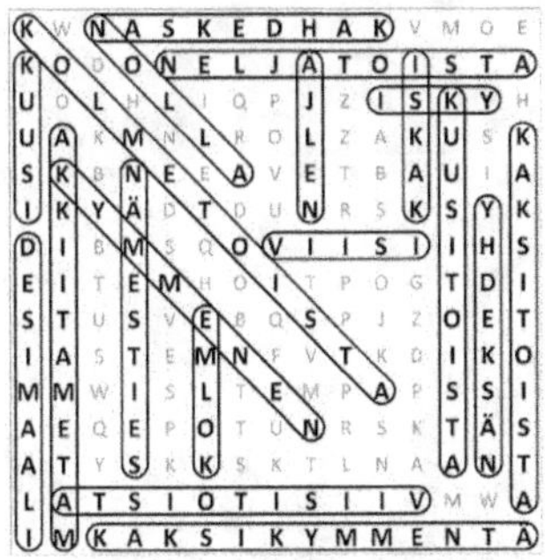

95 - Boerderij #2

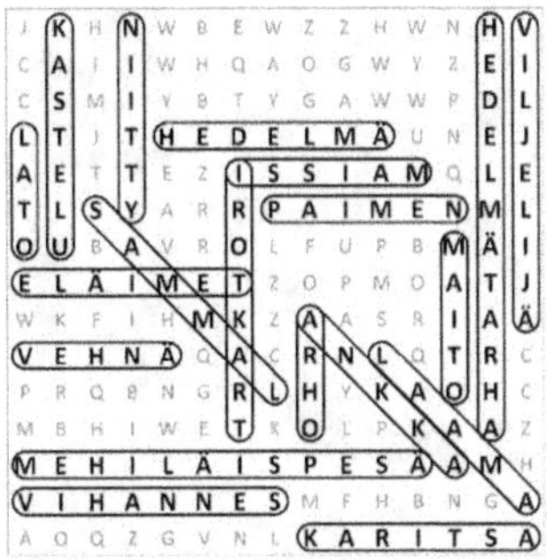

96 - Elektriciteit

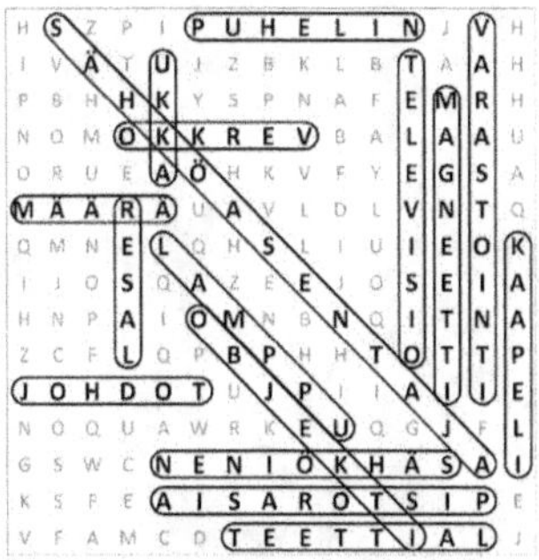

97 - Zakelijk

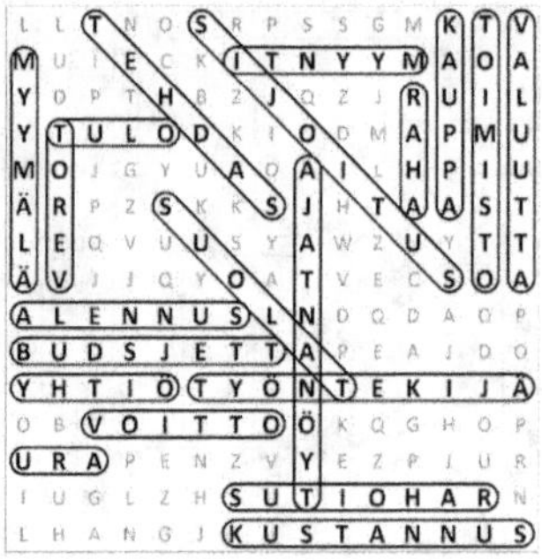

98 - Voeding

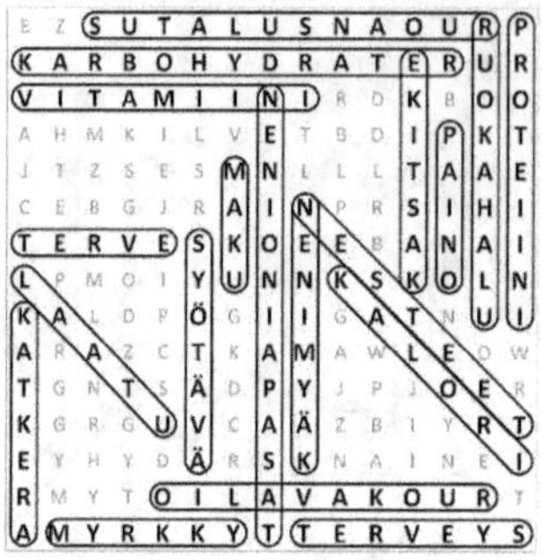

99 - Chemie

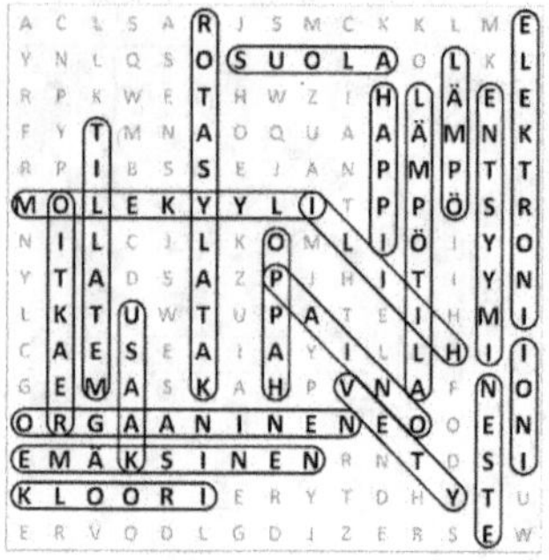

Woordenboek

Activiteiten
Toiminta

Activiteit	Toiminta
Ambachten	Veneet
Belangen	Etu
Fotografie	Valokuvaus
Games	Pelit
Hengelsport	Kalastus
Jacht	Metsästys
Kamperen	Camping
Keramiek	Keramiikka
Kunst	Taide
Lezen	Lukeminen
Magie	Taika
Naaien	Ompelu
Ontspanning	Rentoutuminen
Plezier	Ilo
Schilderij	Maalaus
Vaardigheid	Taito
Vrije Tijd	Vapaa
Wandelen	Vaellus

Activiteiten en Vrije Ti
Toiminta ja Vapaa-Aika

Basketbal	Koripallo
Boksen	Nyrkkeily
Duiken	Sukellus
Golf	Golf
Hengelsport	Kalastus
Hobby	Harrastukset
Honkbal	Baseball
Kamperen	Camping
Kunst	Taide
Ontspannen	Rentouttava
Racen	Kilpa
Reis	Matkustaa
Schilderij	Maalaus
Surfen	Lainelautailu
Tennis	Tennis
Voetbal	Jalkapallo
Volleybal	Lentopallo
Wandelen	Vaellus
Zwemmen	Uima

Agronomie
Agronomia

Duurzaam	Kestävä
Ecologie	Ekologia
Energie	Energia
Erosie	Eroosio
Groei	Kasvu
Groente	Vihannes
Landbouw	Maatalous
Landelijk	Maaseudun
Mest	Lannoite
Omgeving	Ympäristö
Organisch	Orgaaninen
Productie	Tuotanto
Studie	Tutkimus
Systemen	Systeemit
Vervuiling	Forurensning
Voedsel	Ruoka
Water	Vesi
Wetenschap	Tiede
Zaden	Siemenet
Ziekten	Sairaudet

Algebra
Algebra

Aftrekken	Vähennys
Diagram	Kaavio
Divisie	Jako
Exponent	Eksponentti
Factor	Tekijä
Formule	Kaava
Fractie	Jae
Haakje	Parentes
Hoeveelheid	Määrä
Lineair	Lineaarinen
Matrix	Matriisi
Nul	Nolla
Oneindig	Ääretön
Oplossen	Ratkaista
Oplossing	Ratkaisu
Probleem	Ongelma
Som	Summa
Vals	Väärä
Variabele	Muuttuja
Vergelijking	Yhtälö

Antarctica
Antarktis

Baai	Lahti
Behoud	Säilyttäminen
Continent	Maanosa
Eilanden	Saaret
Expeditie	Retkikunta
Geografie	Maantiede
Gletsjers	Isbreer
Ijs	Jään
Migratie	Muutto
Mineralen	Mineraali
Omgeving	Ympäristö
Onderzoeker	Tutkija
Pinguïn	Pingviinit
Rotsachtig	Kivinen
Schiereiland	Niemimaa
Temperatuur	Lämpötila
Topografie	Topografia
Water	Vesi
Wetenschappelijk	Tieteellinen
Wolken	Pilvi

Antiek
Antiikki

Authentiek	Aito
Beeldhouwwerk	Veistos
Decoratief	Koriste
Eeuw	Vuosisata
Elegant	Tyylikäs
Galerij	Galleria
Investering	Sijoitus
Kunst	Taide
Kwaliteit	Laatu
Liefhebber	Harrastaja
Meubilair	Huonekalu
Munten	Kolikot
Ongewoon	Epätavallinen
Oud	Vanha
Prijs	Hinta
Restauratie	Entisöinti
Stijl	Tyyli
Veiling	Huutokauppa
Verzamelaar	Keräilijä
Waarde	Arvo

Archeologie
Arkeologia

Analyse	Analyysi
Beschaving	Sivilisaatio
Botten	Luut
Deskundige	Asiantuntija
Evaluatie	Arviointi
Fossiel	Fossiili
Fragmenten	Fragmentteja
Graf	Hauta
Mysterie	Mysteeri
Nakomeling	Jälkeläinen
Objecten	Objekti
Onbekend	Tuntematon
Onderzoeker	Tutkija
Oudheid	Antiikin
Professor	Professori
Relikwie	Jäänne
Team	Tiimi
Tempel	Temppeli
Tijdperk	Aikakausi
Vergeten	Unohdettu

Astronomie
Tähtitiede

Aarde	Maa
Asteroïde	Asteroidi
Astronaut	Astronautti
Dierenriem	Zodiakki
Equinox	Jevndøgn
Hemel	Taivas
Komeet	Komeetta
Kosmos	Kosmos
Maan	Kuu
Meteoor	Meteori
Nevel	Sumu
Observatorium	Observatorio
Planeet	Planeetta
Raket	Raketti
Satelliet	Satelliitti
Ster	Tähti
Sterrenbeeld	Tähdistö
Straling	Säteily
Telescoop	Kaukoputki
Zwaartekracht	Painovoima

Avontuur
Seikkailu

Activiteit	Toiminta
Bestemming	Kohde
Enthousiasme	Innostus
Excursie	Retki
Gevaarlijk	Vaarallinen
Kans	Mahdollisuus
Moeilijkheid	Vaikeus
Natuur	Luonto
Navigatie	Navigointi
Nieuw	Uusi
Ongewoon	Epätavallinen
Reisplan	Matka
Reizen	Matkustaa
Schoonheid	Kauneus
Uitdagingen	Haasteet
Veiligheid	Turvallisuus
Verrassend	Yllättävä
Vreugde	Ilo
Vrienden	Ystävä

Ballet
Baletti

Artistiek	Taiteellinen
Ballerina	Ballerina
Choreografie	Koreografia
Componist	Säveltäjä
Dansers	Tanssijat
Expressief	Ilmeikäs
Gebaar	Ele
Intensiteit	Intensiteetti
Muziek	Musiikki
Orkest	Orkesteri
Praktijk	Harjoitella
Publiek	Yleisö
Repetitie	Harjoitukset
Ritme	Rytmi
Spieren	Lihakset
Stijl	Tyyli
Techniek	Tekniikka
Vaardigheid	Taito

Barbecues
Grilli

Diner	Illallinen
Familie	Perhe
Fruit	Hedelmä
Grill	Grilli
Groente	Vihannes
Heet	Kuuma
Honger	Nälkä
Kip	Kana
Lunch	Lounas
Messen	Veitset
Muziek	Musiikki
Peper	Pippuri
Salades	Salaatit
Saus	Kastike
Tomaten	Tomaatit
Uien	Sipuli
Uitnodiging	Kutsu
Vorken	Gafler
Zomer	Kesä
Zout	Suola

Beeldende Kunsten
Kuvataide

Architectuur	Arkkitehtuuri
Artiest	Taiteilija
Beeldhouwwerk	Veistos
Creativiteit	Luovuus
Ezel	Maalausteline
Film	Elokuva
Foto	Valokuva
Keramiek	Keramiikka
Klei	Savi
Krijt	Liitu
Meesterwerk	Mestariteos
Pen	Kynä
Perspectief	Näkökulma
Portret	Muotokuva
Potlood	Lyijykynä
Samenstelling	Koostumus
Schilderij	Maalaus
Vernis	Lakka
Was	Parafiini

Behoud
Säilyttäminen

Chemicaliën	Kemikaalit
Duurzaam	Kestävä
Ecosysteem	Ekosysteemi
Fiets	Sykli
Gezondheid	Terveys
Groen	Vihreä
Klimaat	Ilmasto
Milieu	Ympäristö
Natuurlijk	Luonnollinen
Onderwijs	Koulutus
Organisch	Orgaaninen
Pesticide	Torjunta-Aine
Recycleren	Kierrättää
Verminderen	Vähentää
Vervuiling	Forurensning
Vrijwilliger	Vapaaehtoinen
Water	Vesi
Zorg	Huolenaihe

Beroepen #1
Ammatit nro 1

Advocaat	Asianajaja
Apotheker	Apteekki
Atleet	Urheilija
Bankier	Pankkiiri
Brandweerman	Palomies
Cartograaf	Kartografi
Danser	Tanssija
Dierenarts	Eläinlääkäri
Dokter	Lääkäri
Editor	Redaktør
Geoloog	Geologi
Jager	Metsästäjä
Juwelier	Kultaseppä
Loodgieter	Putkimies
Monteur	Mekaanikko
Muzikant	Muusikko
Pianist	Pianisti
Psycholoog	Psykologi
Verpleegster	Hoitaja
Wetenschapper	Tiedemies

Beroepen #2
Ammatit #2

Arts	Lääkäri
Astronaut	Astronautti
Bioloog	Biologi
Boer	Viljelijä
Chirurg	Kirurgi
Detective	Etsivä
Filosoof	Filosofi
Fotograaf	Valokuvaaja
Illustrator	Kuvittaja
Ingenieur	Insinööri
Journalist	Toimittaja
Leraar	Opettaja
Onderzoeker	Tutkija
Piloot	Pilotti
Politicus	Poliitikko
Schilder	Taidemaalari
Tandarts	Hammaslääkäri
Tuinman	Puutarhuri
Uitgever	Kustantaja
Uitvinder	Keksijä

Bijen
Mehiläiset

Bestuiver	Pollinator
Bijenkorf	Pesä
Bloemen	Kukat
Bloesem	Kukka
Ecosysteem	Ekosysteemi
Fruit	Hedelmä
Honing	Hunaja
Insect	Hyönteinen
Koningin	Kuningatar
Planten	Kasvit
Rook	Savu
Stuifmeel	Siitepöly
Tuin	Puutarha
Vleugels	Siivet
Voedsel	Ruoka
Voordelig	Hyödyllinen
Was	Parafiini
Zon	Aurinko
Zwerm	Parvi

Bijvoeglijke Naamwoorden
Adjektiivit #1

Aantrekkelijk	Viehättävä
Absoluut	Ehdoton
Actief	Aktiivinen
Aromatisch	Aromaattinen
Artistiek	Taiteellinen
Belangrijk	Tärkeä
Diep	Syvä
Donker	Tumma
Dun	Ohut
Eerlijk	Rehellinen
Exotisch	Eksotisk
Identiek	Identtinen
Jong	Nuori
Lang	Pitkä
Langzaam	Hidas
Modern	Moderni
Onschuldig	Viaton
Perfect	Täydellinen
Waardevol	Arvokas
Zwaar	Raskas

Bijvoeglijke Naamwoorden
Adjektiivit #2

Authentiek	Aito
Begaafd	Lahjakas
Beschrijvend	Kuvaus
Creatief	Luova
Dramatisch	Dramaattinen
Gezond	Terve
Hongerig	Nälkäinen
Moe	Väsynyt
Natuurlijk	Luonnollinen
Nieuw	Uusi
Normaal	Normaali
Productief	Tuottava
Slaperig	Unelias
Sterk	Vahva
Trots	Ylpeä
Verantwoordelijk	Vastuullinen
Vers	Tuore
Wild	Villi
Zout	Suolainen
Zuiver	Puhdas

Biologie
Biologia

Ademhaling	Hengitys
Anatomie	Anatomia
Cel	Solu
Chromosoom	Kromosomi
Collageen	Kollageeni
Eiwit	Proteiini
Embryo	Alkio
Enzym	Entsyymi
Evolutie	Evoluutio
Fotosynthese	Fotosynteesi
Hormoon	Hormoni
Mutatie	Mutaatio
Natuurlijk	Luonnollinen
Neuron	Neuroni
Osmose	Osmoosi
Reptiel	Matelija
Symbiose	Symbioosi
Synaps	Synapsi
Zenuw	Hermo
Zoogdier	Nisäkäs

Bloemen
Kukkia

Bloemblad	Terälehti
Boeket	Kimppu
Gardenia	Gardenia
Hibiscus	Hibiscus
Jasmijn	Jasmiini
Klaver	Apila
Lavendel	Laventeli
Lelie	Lilja
Lila	Liila
Madeliefje	Päivänkakkara
Magnolia	Magnolia
Orchidee	Orkidea
Paardebloem	Voikukka
Papaver	Unikko
Pioenroos	Pioni
Plumeria	Plumeria
Roos	Ruusu
Tulp	Tulppaani
Zonnebloem	Auringonkukka

Boeken
Kirjat

Auteur	Tekijä
Avontuur	Seikkailu
Bladzijde	Sivu
Collectie	Kokoelma
Context	Konteksti
Dualiteit	Kaksinaisuus
Episch	Eeppinen
Gedicht	Runo
Geschreven	Skriftlig
Humoristisch	Humoristinen
Inventief	Kekseliäs
Karakter	Merkki
Lezer	Lukija
Poëzie	Runous
Relevant	Relevaantia
Roman	Romaani
Serie	Sarja
Tragisch	Traaginen
Verhaal	Tarina
Verteller	Kertoja

Boerderij #1
Maatila nro 1

Bij	Mehiläinen
Ezel	Aasi
Geit	Vuohi
Hek	Aita
Hond	Koira
Honing	Hunaja
Hooi	Heinä
Kalf	Vasikka
Kat	Kissa
Kip	Kana
Koe	Lehmä
Kraai	Varis
Kudde	Parvi
Landbouw	Maatalous
Mest	Lannoite
Paard	Hevonen
Rijst	Riisi
Veld	Kenttä
Water	Vesi
Zaden	Siemenet

Boerderij #2
Maatila # 2

Bijenkorf	Mehiläispesä
Boer	Viljelijä
Boomgaard	Hedelmätarha
Dieren	Eläimet
Eend	Ankka
Fruit	Hedelmä
Gerst	Ohra
Groente	Vihannes
Herder	Paimen
Irrigatie	Kastelu
Lam	Karitsa
Lama	Laama
Maïs	Maissi
Melk	Maito
Schaap	Lammas
Schuur	Lato
Tarwe	Vehnä
Tractor	Traktori
Weide	Niitty
Windmolen	Tuulimylly

Boten
Veneitä

Anker	Ankkuri
Bemanning	Miehistö
Boei	Poiju
Dok	Telakka
Golven	Aalto
Jacht	Jahti
Kajak	Kajakk
Kano	Kanootti
Mast	Masto
Matroos	Merimies
Meer	Järvi
Motor	Moottori
Oceaan	Valtameri
Reddingsboot	Pelastusvene
Rivier	Joki
Tij	Vuorovesi
Touw	Köysi
Veerboot	Lautta
Zee	Meri
Zeilboot	Purjevene

Camping
Telttailu

Avontuur	Seikkailu
Berg	Vuori
Bomen	Puu
Bos	Metsä
Brand	Antaa Potkut
Cabine	Mökki
Dieren	Eläimet
Hangmat	Riippumatto
Hoed	Hattu
Insect	Hyönteinen
Jacht	Metsästys
Kaart	Kartta
Kano	Kanootti
Kompas	Kompassi
Lantaarn	Lyhty
Maan	Kuu
Meer	Järvi
Natuur	Luonto
Tent	Teltta
Touw	Köysi

Chemie
Kemia

Alkalisch	Emäksinen
Chloor	Kloori
Elektron	Elektroni
Enzym	Entsyymi
Gas	Kaasu
Gewicht	Paino
Ion	Ioni
Katalysator	Katalysator
Koolstof	Hiili
Metalen	Metallit
Molecuul	Molekyyli
Organisch	Orgaaninen
Reactie	Reaktio
Temperatuur	Lämpötila
Vloeistof	Neste
Warmte	Lämpö
Waterstof	Vety
Zout	Suola
Zuur	Happo
Zuurstof	Happi

Chocolade
Suklaa

Aroma	Aromi
Artisanaal	Artisanal
Bitter	Katkera
Cacao	Kaakao
Calorieën	Kalori
Eten	Syödä
Exotisch	Eksotisk
Favoriet	Suosikki
Heerlijk	Herkullinen
Ingrediënt	Ainesosa
Karamel	Karamelli
Kokosnoot	Kokosnøtt
Kwaliteit	Laatu
Pinda'S	Maapähkinät
Poeder	Jauhe
Recept	Resepti
Smaak	Maku
Suiker	Sokeri
Verlangen	Himo
Zoet	Makea

Creativiteit
Luovuus

Artistiek	Taiteellinen
Beeld	Kuva
Dramatisch	Dramaattinen
Echtheid	Aitous
Gevoel	Tunne
Helderheid	Selkeys
Ideeën	Ideoita
Indruk	Vaikutelma
Inspiratie	Innoitus
Intensiteit	Intensiteetti
Intuïtie	Intuitio
Inventief	Kekseliäs
Spontaan	Spontaani
Uitdrukking	Ilmaisu
Vaardigheid	Taito
Verbeelding	Mielikuvitus
Visioenen	Visioita
Vitaliteit	Elinvoima
Vloeibaarheid	Juoksevuus

Dagen en Maanden
Päivät ja Kuukaudet

Augustus	Elokuu
Dinsdag	Tiistai
Donderdag	Torstai
Februari	Helmikuu
Jaar	Vuosi
Januari	Tammikuu
Juli	Heinäkuu
Juni	Kesäkuu
Kalender	Kalenteri
Maand	Kuukausi
Maandag	Maanantai
Maart	Maaliskuu
November	Marraskuu
Oktober	Lokakuu
September	Syyskuu
Vrijdag	Perjantai
Week	Viikko
Woensdag	Keskiviikko
Zaterdag	Lauantai
Zondag	Sunnuntai

De Media
Media

Commercieel	Kaupallinen
Communicatie	Viestintä
Digitaal	Digitaalinen
Editie	Painos
Feiten	Fakta
Financiering	Rahoitus
Foto'S	Kuvat
Houding	Asenteet
Individueel	Yksilö
Industrie	Industri
Intellectueel	Älyllinen
Kranten	Sanomalehti
Lokaal	Paikallinen
Mening	Lausunto
Netwerk	Verkko
Onderwijs	Koulutus
Online	Verkossa
Publiek	Julkinen
Radio	Radio
Televisie	Televisio

Diplomatie

Diplomatia

Adviseur	Neuvonantaja
Ambassade	Lähetystö
Bondgenoot	Liittolainen
Buitenlands	Ulkomainen
Burgers	Borgere
Campagnes	Kampanjat
Conflict	Konflikti
Discussie	Keskustelu
Ethiek	Etiikka
Gemeenschap	Yhteisö
Gerechtigheid	Oikeus
Integriteit	Eheys
Oplossing	Ratkaisu
Politiek	Politiikka
Regering	Hallitus
Resolutie	Päätös
Samenwerking	Yhteistyö
Talen	Kieli
Veiligheid	Turvallisuus
Verdrag	Sopimus

Elektriciteit

Sähköt

Accu	Akku
Apparatuur	Laitteet
Draden	Johdot
Elektricien	Sähköasentaja
Elektrisch	Sähköinen
Generator	Generaattori
Hoeveelheid	Määrä
Kabel	Kaapeli
Lamp	Lamppu
Laser	Laser
Magneet	Magneetti
Negatief	Negatiivinen
Netwerk	Verkko
Objecten	Objekti
Opslag	Varastointi
Positief	Positiivinen
Stopcontact	Pistorasia
Telefoon	Puhelin
Televisie	Televisio

Emoties

Tunteita

Angst	Pelko
Dankbaar	Kiitollinen
Droefheid	Surullisuus
Gelukzaligheid	Autuus
Inhoud	Sisältö
Kalm	Rauhallinen
Liefde	Rakkaus
Ontspannen	Rento
Opgewonden	Innoissaan
Opluchting	Helpotus
Rust	Rauhallisuus
Sympathie	Myötätunto
Tederheid	Hellyys
Tevreden	Tyytyväinen
Verrassing	Yllätys
Verveling	Ikävystyminen
Vrede	Rauha
Vreugde	Ilo
Vriendelijkheid	Ystävällisyys
Woede	Suututtaa

Energie

Energiaa

Accu	Akku
Benzine	Bensiini
Brandstof	Polttoaine
Diesel	Diesel
Elektrisch	Sähköinen
Elektron	Elektroni
Entropie	Entropia
Foton	Fotoni
Hernieuwbaar	Uusiutuva
Industrie	Industri
Koolstof	Hiili
Motor	Moottori
Nucleair	Ydin
Omgeving	Ympäristö
Stoom	Höyry
Turbine	Turbiini
Vervuiling	Forurensning
Warmte	Lämpö
Waterstof	Vety
Wind	Tuuli

Engineering

Suunnittelu

As	Akseli
Berekening	Laskeminen
Beweging	Liike
Bouw	Rakentaminen
Diagram	Kaavio
Diameter	Halkaisija
Diepte	Syvyys
Diesel	Diesel
Energie	Energia
Hoek	Kulma
Kracht	Vahvuus
Machine	Kone
Meting	Mittaus
Motor	Moottori
Rotatie	Kierto
Stabiliteit	Vakaus
Structuur	Rakenne
Vloeistof	Neste
Voortstuwing	Propulsio
Wrijving	Kitka

Eten #1

Ruoka #1

Aardbei	Mansikka
Abrikoos	Aprikoosi
Basilicum	Basilika
Citroen	Sitruuna
Gerst	Ohra
Kaneel	Kaneli
Knoflook	Valkosipuli
Melk	Maito
Peer	Päärynä
Pinda	Maapähkinä
Salade	Salaatti
Sap	Mehu
Soep	Suppe
Spinazie	Pinaatti
Suiker	Sokeri
Tonijn	Tunfisk
Ui	Sipuli
Vlees	Liha
Wortel	Porkkana
Zout	Suola

Eten #2
Ruoka #2

Amandel	Manteli
Ananas	Ananas
Appel	Omena
Asperge	Parsa
Aubergine	Munakoiso
Banaan	Banaani
Broccoli	Parsakaali
Brood	Leipä
Druif	Rypäle
Ei	Muna
Ham	Kinkku
Kaas	Juusto
Kip	Kana
Kiwi	Kiivi
Perzik	Persikka
Rijst	Riisi
Tarwe	Vehnä
Tomaat	Tomaatti
Vis	Kala
Yoghurt	Jogurtti

Familie
Perhe

Broer	Veli
Dochter	Tytär
Grootmoeder	Isoäiti
Jeugd	Lapsuus
Kind	Lapsi
Kinderen	Lapset
Kleinkind	Lapsenlapsi
Kleinzoon	Pojanpoika
Man	Mies
Moeder	Äiti
Neef	Veljenpoika
Nicht	Veljentytär
Oom	Setä
Opa	Isoisä
Tante	Täti
Vader	Isä
Vaderlijk	Isän
Voorouder	Stamfar
Vrouw	Vaimo
Zus	Sisko

Fruit
Hedelmä

Abrikoos	Aprikoosi
Ananas	Ananas
Appel	Omena
Avocado	Avokado
Banaan	Banaani
Bes	Marja
Citroen	Sitruuna
Druif	Rypäle
Framboos	Vadelma
Kers	Kirsikka
Kiwi	Kiivi
Kokosnoot	Kokosnøtt
Mango	Mango
Meloen	Meloni
Nectarine	Nektariini
Oranje	Oranssi
Peer	Päärynä
Perzik	Persikka
Pruim	Luumu
Vijg	Viikuna

Gebouwen
Rakennukset

Ambassade	Lähetystö
Appartement	Huoneisto
Bioscoop	Elokuva
Boerderij	Maatila
Cabine	Mökki
Fabriek	Tehdas
Hotel	Hotelli
Kasteel	Linna
Laboratorium	Laboratorio
Museum	Museo
Observatorium	Observatorio
School	Koulu
Schuur	Lato
Stadion	Stadion
Supermarkt	Supermarket
Tent	Teltta
Theater	Teatteri
Toren	Torni
Universiteit	Yliopisto
Ziekenhuis	Sairaala

Geografie
Maantiede

Atlas	Atlas
Berg	Vuori
Breedtegraad	Leveysaste
Continent	Maanosa
Eiland	Saari
Evenaar	Päiväntasaaja
Halfrond	Halvkule
Hoogte	Korkeus
Kaart	Kartta
Land	Maassa
Meridiaan	Meridiaani
Noorden	Pohjoinen
Oceaan	Valtameri
Regio	Alue
Rivier	Joki
Stad	Kaupunki
Wereld	Maailma
Westen	Länsi
Zee	Meri
Zuiden	Etelä

Geologie
Geologia

Aardbeving	Maanjäristys
Calcium	Kalsium
Continent	Maanosa
Erosie	Eroosio
Fossiel	Fossiili
Geiser	Geysir
Gesmolten	Sula
Grot	Luola
Koraal	Koralli
Kristallen	Crystal
Kwarts	Kvartsi
Laag	Kerros
Lava	Lava
Plateau	Tasanko
Stalactiet	Stalactite
Steen	Kivi
Vulkaan	Volcano
Zone	Vyöhyke
Zout	Suola
Zuur	Happo

Geometrie
Geometria

Berekening	Laskeminen
Cirkel	Ympyrä
Curve	Käyrä
Diameter	Halkaisija
Dimensie	Ulottuvuus
Driehoek	Kolmio
Hoek	Kulma
Hoogte	Korkeus
Horizontaal	Vaaka
Logica	Logiikka
Massa	Massa
Mediaan	Mediaani
Oppervlak	Pinta
Parallel	Rinnakkainen
Segment	Segmentti
Symmetrie	Symmetria
Theorie	Teoria
Vergelijking	Yhtälö
Verticaal	Loddrett
Vierkant	Neliö

Getallen
Numerot

Acht	Kahdeksan
Decimaal	Desimaali
Dertien	Kolmetoista
Drie	Kolme
Een	Yksi
Negen	Yhdeksän
Nul	Nolla
Tien	Kymmenen
Twaalf	Kaksitoista
Twee	Kaksi
Twintig	Kaksikymmentä
Veertien	Neljätoista
Vier	Neljä
Vijf	Viisi
Vijftien	Viisitoista
Wiskunde	Matematiikka
Zes	Kuusi
Zestien	Kuusitoista
Zeven	Seitsemän

Gezondheid en Welzijn #1
Terveys ja Hyvinvointi #1

Actief	Aktiivinen
Apotheek	Apteekki
Bacteriën	Bakteerit
Behandeling	Hoito
Breuk	Murtuma
Dokter	Lääkäri
Gewoonte	Tottumus
Honger	Nälkä
Hoogte	Korkeus
Houding	Ryhti
Huid	Iho
Kliniek	Klinikka
Letsel	Vamma
Medicijn	Lääke
Ontspanning	Rentoutuminen
Reflex	Refleksi
Spieren	Lihakset
Therapie	Terapia
Virus	Virus
Zenuwen	Hermot

Gezondheid en Welzijn #2
Terveys ja Hyvinvointi #2

Allergie	Allergia
Anatomie	Anatomia
Bloed	Veri
Calorie	Kalori
Dieet	Ruokavalio
Energie	Energia
Genetica	Genetiikka
Gewicht	Paino
Gezond	Terve
Herstel	Elpyminen
Hygiëne	Hygienia
Infectie	Infektio
Lichaam	Keho
Massage	Hieronta
Spijsvertering	Ruoansulatus
Stress	Stressi
Vitamine	Vitamiini
Voeding	Ravitsemus
Ziekenhuis	Sairaala
Ziekte	Sairaus

Groenten
Vihannekset

Artisjok	Artisokka
Aubergine	Munakoiso
Broccoli	Parsakaali
Erwt	Herne
Gember	Inkivääri
Knoflook	Valkosipuli
Komkommer	Kurkku
Olijf	Oliivi
Paddestoel	Sieni
Peterselie	Persilja
Pompoen	Kurpitsa
Raap	Nauris
Radijs	Retiisi
Salade	Salaatti
Selderij	Selleri
Sjalot	Salottisipuli
Spinazie	Pinaatti
Tomaat	Tomaatti
Ui	Sipuli
Wortel	Porkkana

Haartypes
Hiusten Tyypit

Blond	Vaalea
Bruin	Ruskea
Dik	Paksu
Droog	Kuiva
Dun	Ohut
Gekleurd	Värillinen
Gevlochten	Punottu
Gezond	Terve
Glimmend	Kiiltävä
Golvend	Aaltoileva
Grijs	Harmaa
Kaal	Kalju
Kort	Lyhyt
Krullen	Kiharat
Krullend	Kihara
Lang	Pitkä
Wit	Valkoinen
Zacht	Pehmeä
Zilver	Hopea
Zwart	Musta

Herbalisme
Herbalismi

Aromatisch	Aromaattinen
Basilicum	Basilika
Bloem	Kukka
Culinair	Kulinaarinen
Dille	Tilli
Dragon	Rakuuna
Groen	Vihreä
Ingrediënt	Ainesosa
Knoflook	Valkosipuli
Kwaliteit	Laatu
Lavendel	Laventeli
Marjolein	Meirami
Oregano	Oregano
Peterselie	Persilja
Rozemarijn	Rosmariini
Saffraan	Maustesahrami
Smaak	Maku
Tijm	Timjami
Tuin	Puutarha
Venkel	Fenkoli

Huis
Talo

Bezem	Luuta
Bibliotheek	Kirjasto
Dak	Katto
Deur	Ovi
Douche	Suihku
Garage	Autotalli
Haard	Takka
Hek	Aita
Kamer	Huone
Kelder	Kellari
Keuken	Keittiö
Lamp	Lamppu
Meubilair	Huonekalu
Muur	Seinä
Schoorsteen	Savupiippu
Slaapkamer	Makuuhuone
Spiegel	Peili
Tapijt	Matto
Tuin	Puutarha
Zolder	Ullakko

Immigratie
Maahanmuuttovirasto

Administratie	Hallinto
Bescherming	Suojelu
Communicatie	Viestintä
Documenten	Asiakirja
Financiering	Rahoitus
Goedkeuring	Hyväksyntä
Grenzen	Raja
Huisvesting	Asuminen
Kinderen	Lapset
Officier	Upseeri
Onderhandeling	Neuvottelu
Oplossing	Ratkaisu
Proces	Prosessi
Situatie	Tilanne
Stress	Stressi
Taal	Kieli
Termijn	Takaraja
Volwassenen	Aikuiset
Wet	Laki

Installaties
Kasveja

Bamboe	Bambu
Bes	Marja
Blad	Puun Lehti
Bloem	Kukka
Boom	Puu
Boon	Papu
Bos	Metsä
Cactus	Kaktus
Flora	Kasvisto
Gebladerte	Lehtien
Gras	Ruoho
Klimop	Muratti
Kruid	Yrtti
Mest	Lannoite
Mos	Sammal
Plantkunde	Kasvitiede
Struik	Puska
Tuin	Puutarha
Vegetatie	Kasvillisuus
Wortel	Juuri

Jazz
Jazz

Album	Albumi
Artiest	Taiteilija
Beroemd	Kuuluisa
Componist	Säveltäjä
Concert	Konsertti
Drums	Rummut
Favorieten	Suosikit
Genre	Laji
Improvisatie	Improvisaatio
Lied	Laulu
Muziek	Musiikki
Nadruk	Painotus
Nieuw	Uusi
Orkest	Orkesteri
Oud	Vanha
Ritme	Rytmi
Samenstelling	Koostumus
Stijl	Tyyli
Talent	Kyky
Techniek	Tekniikka

Keuken
Keittiö

Cup	Kupit
Eetstokjes	Syömäpuikot
Grill	Grilli
Ketel	Kattila
Koelkast	Jääkaappi
Kom	Kulho
Kruik	Kannu
Lepels	Lusikat
Messen	Veitset
Oven	Uuni
Pollepel	Kauha
Pot	Purkki
Recept	Resepti
Schort	Esiliina
Servet	Lautasliina
Specerijen	Mausteet
Spons	Sieni
Voedsel	Ruoka
Vorken	Gafler
Vriezer	Pakastin

Kleding
Vaatteensa

Armband	Armbånd
Blouse	Pusero
Broek	Housut
Handschoenen	Käsineet
Hoed	Hattu
Jas	Takki
Jeans	Farkut
Jurk	Mekko
Ketting	Kaulakoru
Mode	Muoti
Pyjama	Pyjama
Riem	Vyö
Rok	Hame
Sandalen	Sandaalit
Schoen	Kenkä
Schort	Esiliina
Shirt	Paita
Sjaal	Huivi
Sokken	Sukat
Trui	Villapaita

Klimmen
Kiipeily

Atmosfeer	Ilmainen
Deskundige	Asiantuntija
Fysiek	Fyysinen
Grot	Luola
Handschoenen	Käsineet
Helm	Kypärä
Hoogte	Korkeus
Kaart	Kartta
Kracht	Vahvuus
Laarzen	Saappaat
Letsel	Vamma
Nieuwsgierigheid	Uteliaisuus
Opleiding	Koulutus
Smal	Kapea
Stabiliteit	Vakaus
Terrein	Maa
Uitdagingen	Haasteet
Wandelen	Vaellus

Koffie
Kahvi

Aroma	Aromi
Beker	Kuppi
Bitter	Katkera
Cafeïne	Kofeiinia
Drank	Juoma
Filter	Suodattaa
Malen	Jauhaa
Melk	Maito
Ochtend	Aamu
Oorsprong	Alkuperä
Prijs	Hinta
Room	Kerma
Smaak	Maku
Suiker	Sokeri
Vloeistof	Neste
Water	Vesi
Zuur	Hapan
Zwart	Musta

Kracht en Zwaartekracht
Voima ja Painovoima

Afstand	Etäisyys
As	Akseli
Beweging	Liike
Centrum	Keskusta
Druk	Paine
Dynamisch	Dynaaminen
Eigendommen	Kiinteistö
Gewicht	Paino
Impact	Vaikutus
Magnetisme	Magnetismi
Mechanica	Mekaniikka
Natuurkunde	Fysiikka
Omvang	Suuruus
Ontdekking	Löytö
Snelheid	Nopeus
Tijd	Aika
Uitbreiding	Laajennus
Universeel	Yleistä
Wrijving	Kitka

Kunstbenodigdheden
Taide-Tarvikkeet

Acryl	Akryyli
Aquarellen	Akvarellit
Borstels	Harjat
Camera	Kamera
Creativiteit	Luovuus
Ezel	Maalausteline
Gom	Pyyhekumi
Ideeën	Ideoita
Inkt	Muste
Klei	Savi
Kleuren	Väri
Lijm	Liima
Olie	Öljy
Papier	Paperi
Potloden	Kynä
Stoel	Tuoli
Tafel	Pöytä
Verf	Maalit
Water	Vesi

Landen #1
Maat #1

België	Belgia
Brazilië	Brasilia
Cambodja	Kambodža
Canada	Kanada
Chili	Chile
Duitsland	Saksa
Egypte	Egypti
Irak	Irak
Israël	Israel
Italië	Italia
Letland	Latvia
Libië	Libya
Marokko	Marokko
Nicaragua	Nicaragua
Noorwegen	Norja
Panama	Panama
Polen	Puola
Roemenië	Romania
Senegal	Senegal
Spanje	Espanja

Landen #2
Maat #2

Denemarken	Tanska
Ethiopië	Etiopia
Frankrijk	Ranska
Griekenland	Kreikka
Ierland	Irlanti
Indonesië	Indonesia
Japan	Japani
Kenia	Kenia
Laos	Laos
Libanon	Libanon
Liberia	Liberia
Maleisië	Malesia
Mexico	Meksiko
Nepal	Nepal
Nigeria	Nigeria
Oeganda	Uganda
Oekraïne	Ukraina
Rusland	Venäjä
Somalië	Somalia
Syrië	Syyria

Landschappen
Maisemat

Berg	Vuori
Eiland	Saari
Geiser	Geysir
Gletsjer	Jäätikkö
Grot	Luola
Heuvel	Mäki
Ijsberg	Jäävuori
Meer	Järvi
Moeras	Suo
Oase	Keidas
Oceaan	Valtameri
Rivier	Joki
Schiereiland	Niemimaa
Strand	Ranta
Toendra	Tundra
Vallei	Laakso
Vulkaan	Volcano
Waterval	Vesiputous
Woestijn	Aavikko
Zee	Meri

Literatuur
Kirjallisuus

Analogie	Analogia
Analyse	Analyysi
Anekdote	Anekdootti
Auteur	Tekijä
Biografie	Elämäkerta
Conclusie	Päätelmä
Dialoog	Dialog
Fictie	Fiktiota
Gedicht	Runo
Mening	Lausunto
Metafoor	Metafora
Poëtisch	Runollinen
Rijm	Loppusointu
Ritme	Rytmi
Roman	Romaani
Stijl	Tyyli
Thema	Teema
Tragedie	Tragedia
Vergelijking	Vertailu
Verteller	Kertoja

Meditatie
Meditaatio

Aandacht	Huomio
Aanvaarding	Hyväksyminen
Ademhaling	Hengitys
Beweging	Liike
Dankbaarheid	Kiitollisuus
Emoties	Tunne
Gedachten	Ajatuksia
Helderheid	Selkeys
Houding	Ryhti
Kalm	Rauhallinen
Mededogen	Myötätunto
Mentaal	Henkistä
Muziek	Musiikki
Natuur	Luonto
Observatie	Havainto
Perspectief	Näkökulma
Stilte	Hiljaisuus
Vrede	Rauha
Vriendelijkheid	Ystävällisyys
Wakker	Hereillä

Meer Informatie
Tieteiskirjallisuus

Bioscoop	Elokuva
Boeken	Kirjat
Brand	Antaa Potkut
Chemicaliën	Kemikaalit
Dystopie	Dystopia
Explosie	Räjähdys
Extreem	Äärimmäinen
Fantastisch	Fantastinen
Futuristisch	Futuristinen
Illusie	Illuusio
Mysterieus	Salaperäinen
Orakel	Oraakkeli
Planeet	Planeetta
Realistisch	Realistinen
Robots	Robotti
Scenario	Skenaario
Sterrenstelsel	Galaksi
Technologie	Teknologia
Utopie	Utopia
Wereld	Maailma

Menselijk Lichaam
Ihmiskehon

Been	Jalka
Bloed	Veri
Elleboog	Kyynärpää
Enkel	Nilkka
Hand	Käsi
Hart	Sydän
Hersenen	Aivot
Hoofd	Pää
Huid	Iho
Kin	Leuka
Knie	Polvi
Maag	Vatsa
Mond	Suu
Nek	Kaula
Neus	Nenä
Oog	Silmä
Oor	Korva
Schouder	Olkapää
Tong	Kieli
Vinger	Sormi

Metingen
Mittaus

Breedte	Leveys
Byte	Tavu
Centimeter	Senttimetri
Decimaal	Desimaali
Diepte	Syvyys
Gewicht	Paino
Graad	Aste
Gram	Gramma
Hoogte	Korkeus
Inch	Tuuma
Kilogram	Kilogramma
Kilometer	Kilometri
Lengte	Pituus
Liter	Litra
Massa	Massa
Meter	Mittari
Minuut	Minuutti
Ons	Unssi
Ton	Tonni
Volume	Tilavuus

Mode
Muoti

Afmetingen	Mitat
Bescheiden	Vaatimaton
Betaalbaar	Edullinen
Borduurwerk	Broderi
Comfortabel	Mukava
Duur	Kallis
Elegant	Tyylikäs
Kant	Pitsi
Kleding	Vaate
Knop	Painikkeet
Modern	Moderni
Origineel	Alkuperäinen
Patroon	Kuvio
Praktisch	Praktisk
Stijl	Tyyli
Stof	Kangas
Textuur	Rakenne
Trend	Suuntaus
Winkel	Boutique

Muziek
Musiikki

Album	Albumi
Ballade	Balladi
Harmonie	Harmonia
Improviseren	Improvisoida
Instrument	Väline
Klassiek	Klassinen
Koor	Kertosäe
Lyrisch	Lyyrinen
Melodie	Melodia
Microfoon	Mikrofoni
Muzikaal	Musiikki
Muzikant	Muusikko
Opera	Ooppera
Opname	Äänite
Poëtisch	Runollinen
Ritme	Rytmi
Ritmisch	Rytminen
Tempo	Tempo
Zanger	Laulaja
Zingen	Laulaa

Muziekinstrumenten
Soittimet

Banjo	Banjo
Cello	Sello
Fagot	Fagotti
Fluit	Huilu
Gitaar	Kitara
Gong	Gong
Harp	Harppu
Hobo	Oboe
Klarinet	Klarinetti
Mandoline	Mandoliini
Marimba	Marimba
Mondharmonica	Huuliharppu
Piano	Piano
Saxofoon	Saksofoni
Tamboerijn	Tamburiini
Trombone	Pasuuna
Trommel	Rumpu
Trompet	Trumpetti
Viool	Viulu

Mythologie
Mytologia

Archetype	Arketype
Bliksem	Salama
Creatie	Luominen
Cultuur	Kulttuuri
Donder	Ukkonen
Doolhof	Labyrintti
Held	Sankari
Heldin	Sankaritar
Hemel	Taivas
Jaloezie	Kateus
Kracht	Vahvuus
Krijger	Soturi
Legende	Legenda
Magisch	Maaginen
Monster	Hirviö
Overtuigingen	Uskomukset
Ramp	Katastrofi
Sterfelijk	Kuolevainen
Wezen	Olento
Wraak	Kosto

Natuur
Luonto

Arctisch	Arktinen
Bijen	Mehiläinen
Bos	Metsä
Dieren	Eläimet
Dynamisch	Dynaaminen
Erosie	Eroosio
Gebladerte	Lehtien
Gletsjer	Jäätikkö
Heiligdom	Pyhäkkö
Klippen	Kallio
Mist	Sumu
Rivier	Joki
Schoonheid	Kauneus
Schuilplaats	Suoja
Sereen	Rauhallinen
Tropisch	Trooppinen
Vitaal	Tärkeä
Wild	Villi
Woestijn	Aavikko
Wolken	Pilvi

Natuurkunde
Fysiikka

Atoom	Atomi
Chaos	Kaaos
Chemisch	Kemiallinen
Deeltje	Hiukkanen
Dichtheid	Tiheys
Elektron	Elektroni
Experiment	Koe
Formule	Kaava
Frequentie	Taajuus
Gas	Kaasu
Magnetisme	Magnetismi
Massa	Massa
Mechanica	Mekaniikka
Molecuul	Molekyyli
Motor	Moottori
Relativiteit	Suhteellisuus
Snelheid	Nopeus
Universeel	Yleistä
Versnelling	Kiihdytys
Zwaartekracht	Painovoima

Oceaan
Valtameri

Aal	Ankerias
Algen	Levät
Boot	Vene
Dolfijn	Delfiini
Garnaal	Katkaravut
Getijden	Tidevann
Haai	Hai
Koraal	Koralli
Krab	Rapu
Kwal	Manet
Octopus	Mustekala
Oester	Osteri
Rif	Riutta
Schildpad	Kilpikonna
Spons	Sieni
Storm	Myrsky
Tonijn	Tunfisk
Vis	Kala
Walvis	Valas
Zout	Suola

Overheid
Hallitus

Burgerschap	Kansalaisuus
Civiel	Siviili-
Democratie	Demokratia
Discussie	Keskustelu
Gelijkheid	Tasa-Arvo
Gerechtelijk	Rettslig
Gerechtigheid	Oikeus
Grondwet	Konstitusjon
Leider	Johtaja
Monument	Monumentti
Natie	Kansakunta
Nationaal	Kansallinen
Politiek	Politiikka
Rustig	Rauhallinen
Staat	Valtio
Symbool	Symboli
Toespraak	Puhe
Vrijheid	Vapaus
Wet	Laki
Wijk	Piiri

Restaurant #1
Ravintola nro 1

Allergie	Allergia
Bord	Levy
Brood	Leipä
Eten	Syödä
Ingrediënten	Aine
Keuken	Keittiö
Kip	Kana
Koffie	Kahvi
Kom	Kulho
Menu	Valikko
Mes	Veitsi
Pittig	Mausteinen
Reservering	Varaus
Saus	Kastike
Serveerster	Tarjoilija
Servet	Lautasliina
Toetje	Jälkiruoka
Vlees	Liha
Voedsel	Ruoka

Restaurant #2
Ravintola nro 2

Cake	Kakku
Diner	Illallinen
Drank	Juoma
Eieren	Munat
Fruit	Hedelmä
Groente	Vihannes
Heerlijk	Herkullinen
Ijs	Jään
Lepel	Lusikka
Lunch	Lounas
Noedels	Nuudelit
Ober	Tarjoilija
Salade	Salaatti
Soep	Suppe
Specerijen	Mausteet
Stoel	Tuoli
Vis	Kala
Vork	Haarukka
Water	Vesi
Zout	Suola

Rijden
Ajo

Auto	Auto
Brandstof	Polttoaine
Garage	Autotalli
Gas	Kaasu
Gevaar	Vaara
Kaart	Kartta
Licentie	Lisenssi
Motor	Moottori
Motorfiets	Moottoripyörä
Ongeluk	Onnettomuus
Politie	Poliisi
Remmen	Jarrut
Snelheid	Nopeus
Straat	Katu
Tunnel	Tunneli
Veiligheid	Turvallisuus
Verkeer	Liikenne
Voetganger	Jalankulkija
Vrachtauto	Kuka
Weg	Tie

Schaken
Shakki

Diagonaal	Diagonaalinen
Kampioen	Mestari
Koning	Kuningas
Koningin	Kuningatar
Leren	Oppia
Offer	Uhrata
Passief	Passiivinen
Reglement	Säännöt
Spel	Peli
Speler	Pelaaja
Strategie	Strategia
Tegenstander	Vastustaja
Tijd	Aika
Toernooi	Turnaus
Uitdagingen	Haasteet
Wedstrijd	Kilpailu
Wit	Valkoinen
Zwart	Musta

Schoonheid
Kauneus

Charme	Viehätys
Cosmetica	Kosmetiikka
Diensten	Palvelut
Elegant	Tyylikäs
Elegantie	Eleganssi
Fotogeniek	Fotogen
Genade	Armo
Geur	Tuoksu
Glad	Sileä
Huid	Iho
Kleur	Väri
Krullen	Kiharat
Lippenstift	Leppestift
Mascara	Ripsiväri
Oliën	Öljyt
Schaar	Sakset
Shampoo	Shampoo
Spiegel	Peili
Stilist	Stylisti
Verzinnen	Meikki

Specerijen
Mausteita

Anijs	Anis
Bitter	Katkera
Gember	Inkivääri
Kaneel	Kaneli
Kardemom	Kardemumma
Kerrie	Curry
Knoflook	Valkosipuli
Komijn	Kumina
Koriander	Korianteri
Kruidnagel	Kynsi
Kurkuma	Kurkuma
Paprika	Paprika
Peper	Pippuri
Saffraan	Maustesahrami
Smaak	Maku
Ui	Sipuli
Vanille	Vanilja
Venkel	Fenkoli
Zoet	Makea
Zout	Suola

Stad
Kaupunki

Apotheek	Apteekki
Bakkerij	Leipomo
Bank	Pankki
Bibliotheek	Kirjasto
Bioscoop	Elokuva
Boekhandel	Kirjakauppa
Dierentuin	Eläintarha
Galerij	Galleria
Hotel	Hotelli
Kliniek	Klinikka
Luchthaven	Lufthavn
Markt	Markkina
Museum	Museo
Restaurant	Ravintola
School	Koulu
Stadion	Stadion
Supermarkt	Supermarket
Theater	Teatteri
Universiteit	Yliopisto
Winkel	Kauppa

Technologie
Teknologia

Bericht	Viesti
Bestand	Tiedosto
Blog	Blogi
Browser	Selain
Bytes	Tavua
Camera	Kamera
Computer	Tietokone
Cursor	Kursori
Digitaal	Digitaalinen
Gegevens	Tiedot
Internet	Internet
Lettertype	Fontti
Onderzoek	Tutkimus
Scherm	Näyttö
Software	Ohjelmisto
Statistiek	Tilastot
Veiligheid	Turvallisuus
Virtueel	Virtuaalinen
Virus	Virus

Tijd
Aika

Dag	Päivä
Decennium	Vuosikymmen
Eeuw	Vuosisata
Gisteren	Eilen
Jaar	Vuosi
Kalender	Kalenteri
Klok	Kello
Maand	Kuukausi
Middag	Keskipäivä
Minuut	Minuutti
Morgen	Huomenna
Na	Jälkeen
Nacht	Yö
Nu	Nyt
Ochtend	Aamu
Toekomst	Tulevaisuus
Uur	Tunnin
Vandaag	Tänään
Vroeg	Aikainen
Week	Viikko

Tuin
Puutarha

Bank	Penkki
Bloem	Kukka
Bodem	Maaperä
Boom	Puu
Boomgaard	Hedelmätarha
Garage	Autotalli
Gazon	Nurmikko
Gras	Ruoho
Hangmat	Riippumatto
Hark	Rake
Hek	Aita
Onkruid	Ugress
Schop	Lapio
Slang	Letku
Struik	Puska
Terras	Terassi
Trampoline	Trampoliini
Tuin	Puutarha
Veranda	Kuisti
Vijver	Lampi

Universum
Maailmankaikkeus

Asteroïde	Asteroidi
Astronomie	Tähtitiede
Atmosfeer	Ilmainen
Breedtegraad	Leveysaste
Dierenriem	Zodiakki
Duisternis	Pimeys
Evenaar	Päiväntasaaja
Halfrond	Halvkule
Hemel	Taivas
Horizon	Horisontti
Kantelen	Kallistaa
Kosmisch	Kosminen
Lengtegraad	Pituusaste
Maan	Kuu
Sterrenstelsel	Galaksi
Telescoop	Kaukoputki
Zichtbaar	Näkyvä
Zonne	Aurinko
Zonnewende	Päivänseisaus

Vakantie #2
Loma #2

Bestemming	Kohde
Buitenlander	Ulkomaalainen
Buitenlands	Ulkomainen
Eiland	Saari
Hotel	Hotelli
Kaart	Kartta
Kamperen	Camping
Luchthaven	Lufthavn
Paspoort	Passi
Reis	Matka
Reserveringen	Varaukset
Restaurant	Ravintola
Strand	Ranta
Taxi	Taksi
Tent	Teltta
Vakantie	Loma
Vervoer	Kuljetus
Visum	Viisumi
Vrije Tijd	Vapaa
Zee	Meri

Vliegtuigen
Lentokone

Afdaling	Laskeutuminen
Atmosfeer	Ilmainen
Avontuur	Seikkailu
Ballon	Ilmapallo
Bemanning	Miehistö
Bouw	Rakentaminen
Brandstof	Polttoaine
Geschiedenis	Historia
Hemel	Taivas
Hoogte	Korkeus
Landen	Lasku
Lucht	Ilma
Motor	Moottori
Navigeren	Navigoida
Ontwerp	Utforming
Passagier	Matkustaja
Piloot	Pilotti
Richting	Suunta
Turbulentie	Turbulenssi
Waterstof	Vety

Voeding
Ravitsemus

Bitter	Katkera
Calorieën	Kalori
Dieet	Ruokavalio
Eetbaar	Syötävä
Eetlust	Ruokahalu
Eiwitten	Proteiini
Evenwichtig	Tasapainoinen
Fermentatie	Käyminen
Gewicht	Paino
Gezond	Terve
Gezondheid	Terveys
Koolhydraten	Karbohydrater
Kwaliteit	Laatu
Saus	Kastike
Smaak	Maku
Spijsvertering	Ruoansulatus
Toxine	Myrkky
Vitamine	Vitamiini
Vloeistoffen	Nesteet
Voedingsstof	Næringsstoff

Voertuigen
Ajoneuvot

Ambulance	Ambulanssi
Auto	Auto
Banden	Renkaat
Bestelwagen	Varebil
Boot	Vene
Bus	Bussi
Fiets	Polkupyörä
Helikopter	Helikopteri
Metro	Metro
Motor	Moottori
Onderzeeër	Sukellusvene
Raket	Raketti
Scooter	Scooter
Shuttle	Sukkula
Taxi	Taksi
Tractor	Traktori
Trein	Kouluttaa
Veerboot	Lautta
Vliegtuig	Lentokone
Vrachtauto	Kuka

Vogels
Linnut

Duif	Kyyhkynen
Eend	Ankka
Ei	Muna
Flamingo	Flamingo
Gans	Hanhi
Havik	Haukka
Kip	Kana
Koekoek	Käki
Kraai	Varis
Meeuw	Lokki
Mus	Varpunen
Ooievaar	Haikara
Papegaai	Papukaija
Pauw	Riikinkukko
Pelikaan	Pelikaani
Pinguïn	Pingviini
Struisvogel	Strutsi
Toekan	Toukaanin
Uil	Pöllö
Zwaan	Joutsen

Wandelen
Patikointi

Berg	Vuori
Dieren	Eläimet
Gevaren	Vaarat
Kaart	Kartta
Kamperen	Camping
Klif	Kallio
Klimaat	Ilmasto
Laarzen	Saappaat
Moe	Väsynyt
Natuur	Luonto
Oriëntatie	Suunta
Parken	Puistot
Stenen	Kivi
Top	Kokous
Water	Vesi
Weer	Sää
Wild	Villi
Zon	Aurinko
Zwaar	Raskas

Water
Vesi

Douche	Suihku
Geiser	Geysir
Golven	Aalto
Ijs	Jään
Irrigatie	Kastelu
Kanaal	Kanava
Meer	Järvi
Moesson	Monsuuni
Oceaan	Valtameri
Orkaan	Hurrikaani
Overstroming	Tulva
Regen	Sade
Rivier	Joki
Sneeuw	Lumi
Stoom	Höyry
Verdamping	Haihtuminen
Vochtig	Kostea
Vochtigheid	Kosteus
Vorst	Pakkanen

Weersomstandigheden
Sää

Atmosfeer	Ilmainen
Bliksem	Salama
Donder	Ukkonen
Droogte	Kuivuus
Hemel	Taivas
Ijs	Jään
Klimaat	Ilmasto
Mist	Sumu
Moesson	Monsuuni
Orkaan	Hurrikaani
Overstroming	Tulva
Polair	Polar
Regenboog	Sateenkaari
Storm	Myrsky
Temperatuur	Lämpötila
Tornado	Tornado
Tropisch	Trooppinen
Vochtig	Kostea
Wind	Tuuli
Wolk	Pilvi

Wetenschap
Tiede

Atoom	Atomi
Chemisch	Kemiallinen
Deeltjes	Hiukset
Evolutie	Evoluutio
Experiment	Koe
Feit	Tosiasia
Fossiel	Fossiili
Gegevens	Tiedot
Hypothese	Hypoteesi
Klimaat	Ilmasto
Laboratorium	Laboratorio
Methode	Menetelmä
Mineralen	Mineraali
Moleculen	Molekyyli
Natuur	Luonto
Natuurkunde	Fysiikka
Observatie	Havainto
Organisme	Organismi
Wetenschapper	Tiedemies
Zwaartekracht	Painovoima

Wetenschappelijke Discip
Tieteelliset Alat

Anatomie	Anatomia
Archeologie	Arkeologia
Astronomie	Tähtitiede
Biochemie	Biokemia
Biologie	Biologia
Chemie	Kemia
Ecologie	Ekologia
Fysiologie	Fysiologia
Geologie	Geologia
Immunologie	Immunologia
Mechanica	Mekaniikka
Meteorologie	Meteorologia
Mineralogie	Mineralogia
Neurologie	Neurologia
Plantkunde	Kasvitiede
Psychologie	Psykologia
Robotica	Robotiikka
Sociologie	Sosiologia
Voeding	Ravitsemus
Zoölogie	Eläintiede

Wiskunde
Matematiikka

Decimaal	Desimaali
Diameter	Halkaisija
Divisie	Jako
Driehoek	Kolmio
Exponent	Eksponentti
Fractie	Jae
Geometrie	Geometria
Hoeken	Kulmat
Omtrek	Kehä
Parallel	Rinnakkainen
Parallellogram	Suunnikas
Rechthoek	Suorakulmio
Rekenkundig	Aritmeettinen
Som	Summa
Straal	Säde
Symmetrie	Symmetria
Veelhoek	Monikulmio
Vergelijking	Yhtälö
Vierkant	Neliö
Volume	Tilavuus

Zakelijk
Liiketoimintaa

Bedrijf	Yhtiö
Begroting	Budsjett
Belastingen	Verot
Carrière	Ura
Economie	Talous
Fabriek	Tehdas
Financiën	Rahoitus
Geld	Raha
Inkomen	Tulo
Investering	Sijoitus
Kantoor	Toimisto
Korting	Alennus
Kosten	Kustannus
Transactie	Kauppa
Valuta	Valuutta
Verkoop	Myynti
Werkgever	Työnantaja
Werknemer	Työntekijä
Winkel	Myymälä
Winst	Voitto

Ziekte
Sairaus

Acuut	Akuutti
Ademhaling	Hengitys
Allergieën	Allergia
Bacterieel	Bakteeri
Besmettelijk	Tarttuva
Botten	Luut
Buik	Vatsa
Chronisch	Krooninen
Erfelijk	Perinnöllinen
Gezondheid	Terveys
Hart	Sydän
Immuniteit	Immuniteetti
Lenden-	Lumbale
Lichaam	Keho
Neuropathie	Neuropatia
Ontsteking	Tulehdus
Syndroom	Syndrooma
Therapie	Terapia
Zwak	Heikko

Zoogdieren
Merinisäkkäiden

Aap	Apina
Coyote	Kojootti
Dolfijn	Delfiini
Ezel	Aasi
Geit	Vuohi
Giraf	Kirahvi
Gorilla	Gorilla
Hond	Koira
Kameel	Kameli
Kangoeroe	Kenguru
Kat	Kissa
Konijn	Kani
Leeuw	Leijona
Olifant	Norsu
Paard	Hevonen
Panter	Pantteri
Stier	Härkä
Vos	Kettu
Walvis	Valas
Wolf	Susi

Gefeliciteerd

Je hebt het gehaald!

We hopen dat u net zoveel plezier beleeft aan dit boek als wij aan het maken ervan. We doen ons best om spellen van hoge kwaliteit te maken.
Deze puzzels zijn op een slimme manier ontworpen zodat je actief kunt leren terwijl je plezier hebt!

Vond je ze mooi?

Een Eenvoudig Verzoek

Onze boeken bestaan dankzij de recensies die zij publiceren.
Kunt u ons helpen door nu een mening achter te laten ?

Hier is een korte link die u naar uw
bestellingen beoordelingspagina.

BestBooksActivity.com/Recensie50

FINAAL UITDAGING!

Uitdaging nr. 1

Klaar voor uw bonusspel? We gebruiken ze de hele tijd, maar ze zijn niet zo gemakkelijk te vinden. Hier zijn **Synoniemen!**

Noteer 5 woorden die je ontdekt hebt in elk van de onderstaande puzzels (nr. 21, nr. 36, nr. 76) en probeer voor elk woord 2 synoniemen te vinden.

Notitie 5 Woorden uit ***Puzzle 21***

Woorden	Synoniem 1	Synoniem 2

Notitie 5 Woorden uit ***Puzzle 36***

Woorden	Synoniem 1	Synoniem 2

Notitie 5 Woorden uit ***Puzzle 76***

Woorden	Synoniem 1	Synoniem 2

Uitdaging nr. 2

Nu je opgewarmd bent, noteer 5 woorden die je ontdekt hebt in elke hieronder genoteerde puzzel (nr. 9, nr. 17, nr. 25) en probeer voor elk woord 2 antoniemen te vinden. Hoeveel regels kan je doen in 20 minuten?

*Notitie 5 Woorden uit **Puzzle 9***

Woorden	Antoniem 1	Antoniem 2

*Notitie 5 Woorden uit **Puzzle 17***

Woorden	Antoniem 1	Antoniem 2

*Notitie 5 Woorden uit **Puzzle 25***

Woorden	Antoniem 1	Antoniem 2

Uitdaging nr. 3

Prachtig, deze finaal uitdaging  is makkelijk voor jou!

Klaar voor de laatste? Kies je 10 favoriete woorden die je in een van de puzzels hebt ontdekt en noteer ze hieronder.

1.	6.
2.	7.
3.	8.
4.	9.
5.	10.

De uitdaging is nu om met deze woorden en binnen een maximum van zes zinnen een tekst te schrijven over een persoon, dier of plaats waar je van houdt!

Tip: U kunt de laatste blanco pagina van dit boek als kladblaadje gebruiken!

Je schrijven:

NOTITIEBOEKJE:

TOT SNEL!

Linguas Classics

www.ingramcontent.com/pod-product-compliance
Lightning Source LLC
Chambersburg PA
CBHW081711120626
46550CB00010B/3093
* 9 7 9 8 8 9 6 7 0 3 7 9 2 *